U0540450

趣味中国史

古人潮流生活指南

博物馆看展览

—— 著 ——

浙江人民出版社

图书在版编目（CIP）数据

趣味中国史：古人潮流生活指南 / 博物馆看展览著. -- 杭州：浙江人民出版社，2025. 7. -- ISBN 978-7-213-11878-4

Ⅰ. K209

中国国家版本馆CIP数据核字第20258VH967号

趣味中国史：古人潮流生活指南
QUWEI ZHONGGUOSHI：GUREN CHAOLIU SHENGHUO ZHINAN

博物馆看展览　著

出版发行：浙江人民出版社（杭州市环城北路177号　邮编　310006）
　　　　　市场部电话：（0571）85061682　85176516
责任编辑：齐桃丽
特约编辑：褚　燕
营销编辑：游赛赛
责任校对：陈　春
责任印务：幸天骄
封面设计：李　一
电脑制版：董　董
印　　刷：杭州丰源印刷有限公司
开　　本：880毫米×1230毫米　1/32　　印　张：10.875
字　　数：204千字　　　　　　　　　　 插　页：1
版　　次：2025年7月第1版　　　　　　　印　次：2025年7月第1次印刷
书　　号：ISBN 978-7-213-11878-4
定　　价：68.00元

如发现印装质量问题，影响阅读，请与市场部联系调换。

目录
/ contents /

第一章 | 那一事

荆轲刺秦王那夜发生了什么? /// 003
汉代小朋友阿瞿的生日宴会 /// 011
《洛神赋图》中的史诗级情感大戏 /// 016
考完试就能尽情放松了? /// 026

第二章 | 那一物

饱受争议的《大秦赋》,它的道具靠谱吗? /// 037
你知道三国时期陶瓷的风格吗? /// 053
古代小姐们的化妆盒中都藏着什么? /// 066

玉石"找不同"与"连连看" /// 077
盛水的器物 /// 087

第三章 | 那一天

古代母亲的一天 /// 101
江南"小姐姐"们的一天 /// 117
唐代官员除夕值班的一天 /// 131
西汉边疆基层干部的一天 /// 143
没有手机，古人们如何与无聊"斗智斗勇" /// 149
拿年终奖的那一天 /// 162
快递极简史 /// 174

第四章 | 那一人

"洁癖五天王" /// 181
创作"凡尔赛文学"的古代名家们 /// 194
古人奢侈行为艺术大赏 /// 202
长安女子生活 /// 207

目录

秦始皇的"手办"军团 /// 218
古代文人喜欢在哪里,古画告诉你 /// 229
六位相亲烦恼者 /// 240
大清皇子的日常 /// 248

第五章 放大看

台北故宫博物院古画放大看 /// 261
莫高窟壁画放大看 /// 274
《清明上河图》放大看 /// 278

第六章 "真"系列

真名媛聚会是什么样子? /// 293
剁手极简史 /// 313
真非赝品 /// 319
古代零食篇 /// 329

后记 /// 341

第一章 那一事

第一章 那一事

荆轲刺秦王那夜发生了什么？

⊙ 薇薇安

> 本篇所述的汉画像石是汉代地下墓室、墓地祠堂、墓阙和庙阙等建筑上雕刻画像的建筑构石。画像石是一种丧葬艺术，在中国历史上具有独一无二的属性。其主要描绘内容包括神话传说、典章制度、风土人情等。

相信《荆轲刺秦王》的故事无人不晓，但是如果我问你事情的发生地在哪，恐怕就没几个人回答得出来了。2021年1月，陕西省考古研究院的考古工作者在秦咸阳城遗址内发现了大量宫殿官署区遗址，总面积达500万平方米。这一重大发现，终于为我们揭开隐藏了两千年的谜团。

秦咸阳城遗址位于陕西省关中平原腹地，在今西安市主城区以北18千米处。新发现的宫殿官署区分布于一级阶地。宫殿官署区内建筑分布密集，经考古人员确认，宫区6号建筑（大殿）具备举行重要政务的条件。考古学家推断，"荆轲刺秦王"的原址，应当就在此处！

另外，考古人员根据附近一条东西向断断续续分布的长达9千米的水系遗存，并结合周边考古资料以及汉代文献，判断出东部水域很可能就是史料记载的兰池。

今日秦咸阳城遗址鸟瞰

据《史记》记载，始皇帝六年（前216）的某晚，秦始皇曾穿便服夜游兰池。当时正遇几名刺客偷袭，差点当场丧命。多亏随身的四名武士奋力搏斗，秦始皇才得以脱险。

兰池是秦始皇特意引水造出的水池。秦始皇十分迷信神仙方术，据说他曾多次派遣方士到东海的三座仙山求取长生不老之药。因无果便只能在园林里面挖池筑岛，模拟海上仙山的形象。为了游览方便，他还在池的北侧建了一座宫殿，名曰"兰池宫"。

直到今天，考古人员仍然夜以继日地忙碌在这片历经沧桑的土地上，不愿放过任何的蛛丝马迹。放眼望去，曾经繁荣的秦咸阳城已被层层黄土掩埋，归于沉寂。而曾经灯火通明的兰池宫，也在秦朝末年被项羽付之一炬，成为断壁残垣。

第一章　那一事

说起来，荆轲刺秦王那惊魂一夜，在历史书上只有短短几行。不由得让我们想要去探究：几千年前的那个夜晚，在兰池宫里，究竟发生了什么？

现在，让我们把时钟拨回到战国末年。那是公元前227年，秦先后灭了韩国和赵国。随着秦军不断东进，地处北方的偏远小国——燕国，面临随时被吞并的危险。《史记·刺客列传》记载，当时燕太子丹担心秦军压境，整日忧心忡忡，却又无计可施。正巧，一位名叫田光的人将荆轲引荐给燕太子丹，为他出谋划策。

荆轲与燕太子丹交谈多日，发现只有杀死秦王才能解决燕国的灭国危机。但唯一的问题是秦宫戒备森严，如何才能接近秦王呢？

可巧，那时秦王正在重金悬赏樊於期的头颅。樊於期是谁呢？他原为秦国将军，因参与嫪毐谋反，叛逃燕国并被燕国太子丹收留。秦王因此怀恨在心，想将他和家人赶尽杀绝。荆轲认为可以利用这个绝佳机会，将计就计，策划一场谋杀。

于是，荆轲私会樊将军，说服他主动自刎，并由荆轲将头颅献给秦王，再趁秦王不备之时，进行刺杀。樊将军听闻荆轲的计谋，觉得甚是有理。他认为这样既可以报仇雪恨，也能顺便解燕国燃眉之急，可谓一举两得。樊於期遂举剑自刎。

荆轲临行前夕，燕太子丹和宾客们都身穿白衣、头戴白帽，为荆轲送行。来到易水边上，众人眼看着前路渺茫，生死未卜，不知如何与荆轲告别。荆轲的好友高渐离悲伤地击起筑，悠扬的声音萦绕在易水上空。众宾客听得纷纷流下眼泪，啜泣声此起彼伏。此时，荆轲却潇洒一笑，他应着节拍，边跨上车边高唱道："风萧萧兮易水寒，壮士一去兮不复还！"余音还未散去，他的背影已消失在深深的夜幕中。

下面，让我们转到考古证据上，有一块汉代武梁祠画像石《荆轲刺秦王》，正好为我们形象地呈现了这个故事的后半部分。

汉武梁祠画像石《荆轲刺秦王》（局部）

从画像石上我们能看到：荆轲跋山涉水，来到秦宫大殿。当时，大殿一片灯火通明，秦王正在宴请各路宾客。在宾客谈笑风生之际，荆轲来到内殿。他双膝跪地，先是将装了樊於期头颅的盒子献给秦王，又呈上一张画着燕国疆域和城池的地图。秦王以为荆轲是来"邀功"的，遂笑逐颜开。荆轲奉上地图并慢慢展开，地图展到尽头，匕首已露出来，说时迟，那时快，荆轲拿起匕首，向秦王刺去。

第一章　那一事

　　根据山东汉画像石的描绘，头戴高冠、双臂上举、两腿呈弓箭步行刺的荆轲被人从身后紧紧抱住，从他手中扔出的匕首，已然直挺挺地刺入了大殿的梁柱。他前方的地上，散落着一方盒子，盒盖敞开，樊於期的人头依稀可见。旁有一人，正伏地叩头——这就是荆轲的随从秦舞阳，看得出他已吓得魂飞魄散。此刻，画像石的主角——惊魂未定的秦王，正摇晃着身体，茫然无措地徘徊在大殿中，他颐指气使地对着荆轲，相信正在狠狠地咒骂他。

　　就这样，刺杀中最为惊险的一幕，被生动地保留在这块画像石上。荆轲的勇猛无畏、秦王的惊慌失措、群臣侍从的失态和无奈，皆被刻画得入木三分。

汉武梁祠画像石《荆轲刺秦王》（局部）

　　故事的结局我们都知道了。荆轲最后失手，被秦王的侍臣斩杀。他身中八处刀伤，并被砍去了左腿，最后因失血过多而死。

史书上，荆轲这样的人被称为"刺客"，他同时也代表了那个乱世背景下的这一特殊群体。

司马迁的《史记·刺客列传》描绘了在春秋战国那个"覆巢之下无完卵"的时代，有关刺客的一个个动人故事。除了以上提到的荆轲，还有为了复仇自毁容貌的豫让、行刺后避免连累家人毁容剜眼的聂政等。他们或许有着不同的身世和经历，但几乎都具备同一个特点——为了报恩，不惜一切代价。

刺客们往往都是处于社会底层的闾巷之人。他们虽知识层次不高，物质生存条件匮乏，却有着一腔孤勇和侠肝义胆。在动荡的岁月里，赏识他们的主人将他们收入麾下，免除他们的流离之苦，并赐予他们锦衣玉食。作为回报，他们往往会在主人处于危难之际伸以援手，甚至献出生命。

而本故事中的荆轲，原本是个游手好闲之人。据说他与擅长击筑的高渐离是好友。两人整日混迹在街市中，喝得醉醺醺。不过，荆轲看起来虽疯疯癫癫，内心却颇为沉稳。他喜爱读书，游历过诸侯各国，广结当地的贤士豪杰。

荆轲到燕国后，燕国隐士田光看出他是不凡之人，一直友善地对待他。后荆轲经田光被举荐到燕太子丹的面前，终于拥有了发挥才能的机会。然而，一个刺客的悲剧命运，往往在他遇见伯乐的高光时刻已被注定。

荆轲在刺杀秦王之前，所有知情者都穿白衣相送。甚至他自己也说："风萧萧兮易水寒，壮士一去兮不复还！"这表明

第一章　那一事

所有人都心知肚明，刺杀秦王只有死路一条，但即便如此，荆轲还是义无反顾地选择赴死。因为他知道，自己肩负着刺客与生俱来的使命：既受恩，必报恩。他曾在最落魄的时候受到燕太子丹的厚待。如今命运已向他敲响了"偿还"的丧钟。

司马迁在《史记·刺客列传》中虽然没有对荆轲和燕太子丹的关系着墨过多，但是《燕丹子》一书中记载了这样一则故事："太子为置酒华阳之台。酒中，太子出美人能琴者。轲曰：'好手！琴者！'太子即进之。轲曰：'但爱其手耳。'太子即断其手，盛以玉盘奉之。"[1]

大意是：燕太子丹在华阳之台为荆轲置办了酒席，在相谈甚欢时，燕太子丹请出了弹琴弹得很好的一位美人。荆轲说，好一个弹琴的美人！燕太子丹立即问荆轲是不是喜欢这个美人。荆轲说，只是爱她的一双巧手而已。听罢，燕太子丹立即叫人剁下美人的手，并用玉盘盛起来送给荆轲。这个故事虽有些残忍，但也可以从侧面看出荆轲不只是一个门客，燕太子丹对他的赏识和厚爱早已超越了门客的范畴。当然，这份恩情，也成了日后荆轲为燕太子丹卖命的原因。"士为知己者死"，刺客们挥霍一生，都只是为了报答这份特殊的认同。

夜幕中，淡淡的月光笼罩着秦咸阳城的遗址。两千多年过去了，故事的细节和真相已经无法追溯，但随着越来越多遗址

---

[1] 参见《燕丹子》卷下。

的出土和史料研究的突破，相信我们终会探究到这个故事的真相。

依稀中，我们仿佛见到了两千多年前那个孤绝的背影，他携着匕首，犹豫再三，终究还是无畏地走入了那座宫殿。然而等待他的，只有无尽的黑暗……

第一章　那一事

汉代小朋友阿瞿的生日宴会

⊙ 平头哥

当你在看电视、刷手机的时候，有没有那么一瞬间突然想到：要是断网断电，我能玩什么呢？别担心，古人其实早就给了我们答案。那么，今天我们就来说说汉代的娱乐活动——百戏。

下面我们就从汉代儿童许阿瞿小朋友的生日说起。可惜他很小就去世了，他的父母难以平复丧子之痛，希望他在另一个世界依然能快乐无忧，于是让工匠把阿瞿生前过生日的场景刻在画像石上。

从下页的画像石中我们可以发现，小寿星阿瞿十分可爱。他乖巧地坐在榻上，身后还有一位仆人为他扇风纳凉。而阿瞿面前还有三位小朋友在玩耍，中间那位小朋友在"遛鸟"——玩一个木头做的鸠鸟玩具。

画面下方是家里请来助兴的表演团，他们主要是为阿瞿表演杂技。左边第一位应该是阿瞿家的仆人，仆人旁边手舞足蹈的艺人在跳丸弄剑。说实话，我们只见过跳丸的和弄剑的，没见过丸和剑一起抛的。由此可见，这些艺人真是技艺了得！旁边这位扎着两个"小鬏鬏"的艺人,手舞长带,脚踩地上的小鼓,自己给自己打节奏。而最右边的两位应该是团里的伴奏者,其中一人吹箫,一人鼓瑟。相信这就是阿瞿父母心中最快乐的时刻。

南阳市东汉墓志画像石《许阿瞿过生日》

抚琴俑、吹箫俑(现藏于上海博物馆)

第一章　那一事

　　这幅画中的表演内容只是汉代娱乐表演中的一小部分，这类表演有一个专业名称——百戏。汉代的百戏类似于今天的杂技表演，此外还包括舞蹈和音乐等表演。因内容丰富，所以称其为"百戏"也毫不夸张。当时，这种大型的表演只出现在贵族宴饮和祭祀等重大场合。一般来说，表演的节目有盘鼓舞、跳丸、弄剑，甚至还有柔术。

山东省济宁市张汉墓画像石《出行、献俘乐舞图》（局部）

　　上面这幅画表现的是一个大型百戏表演团，上面一排都是乐手，负责弹奏背景音乐，是团队的"气氛担当"。下面一排乍看像造型各异的青蛙，其实却是身怀绝技的百戏艺人。如果仔细观察一下前四位艺人的姿态和举止就会发现：三个人盘五面鼓，第四个人是"替补"。第一位艺人和第三位艺人在鼓上倒立，第二位艺人在鼓上踏跳。倒立的两位形态好似青蛙。而第四位艺人正蓄势待发，紧盯同伴手下的鼓，准备随时接鼓。

　　第五位盘鼓艺人的身姿甚是妖娆，有点天竺少女的感觉。此时鼓在左手手臂上，相信等不到下一秒，这面鼓就会通过他的后脖颈到达右手臂。第六位身旁都是小黑丸的艺人，看来是位跳丸大师！他不仅手舞足蹈，还可以手足并用接住落下的丸。当然还有更难的，那就是前一幅图阿瞿生日宴上那个剑、丸并抛的表演了。这种表演类似于我们常见的抛球，需要表演者手拿几个球向上抛去，双手不停地接住球，不能让球掉落，抛的球越多越厉害。这种杂技表演在先秦叫"弄丸"，汉代叫"跳丸"，其实都是同一种球类表演——抛球。

接下来二位猛回首的艺人在跳双人舞，他们姿势类同，应该是一对伙伴。另外右边艺人头上，居然还戴着羽毛头饰。最后这组选手，想必是这个表演团里的"倒立组"，又称"形体组"。有人说他们是在表演柔术，这么说似乎显得高级了很多。但即便如此，依然不妨碍我最喜欢运球的那一位！

绘有乐舞百戏的实物最早见于两汉时期的墓葬中，之后朝代的墓葬中也多有出现。如孙吴大将朱然的墓中便出土过一个漆盘，盘中绘有一幅宴乐图，其中也有百戏内容，画匠还很贴心地为每种百戏附上榜题。

比如有位弄剑者的行为看着比较恐怖，而现实也确实如此。弄剑又叫"飞剑"，跟跳丸的规则一样，但是难度更大。跳丸的球掉落时，用手接住就行，但飞剑的剑掉落时，艺人需要集中注意力，又稳又准地握住剑柄，否则那就是另一个故事了。

有个转镜子的人，正右手拿一根杆子旋转铜镜，左手则很

第一章 那一事

谨慎地放在身后。你们看,他竟然嚣张到跷起了一只脚!你说他转的时候,镜子是正面朝自己还是反面朝自己呢?又会不会被自己的"盛世美颜"转晕呢?

又有个执节人是百戏演员中伴奏的乐手之一。他双手在奏乐,眼睛却在偷偷看表演——真的很像当代上班偷懒的职场人!

汉代乐舞百戏种类丰富,其中很多杂技表演项目流传至今。从这些百戏中,我们就能略窥今天某些杂技的影子。我们也可以发现当时丰富有趣的娱乐生活。但毕竟能承办大型宴会并请得起乐舞百戏的家庭,都是非富即贵,所以相对来说一般平民百姓的娱乐生活还是比较枯燥的,而那时寻常的上班族,如果不是在贵族家打工,在当时是很难看到一次百戏表演的。

《洛神赋图》中的史诗级情感大戏

⊙ 王涵

《洛神赋图》旧传为魏晋时期的顾恺之根据曹植的同名赋文《洛神赋》所绘的人物故事手卷,此画描

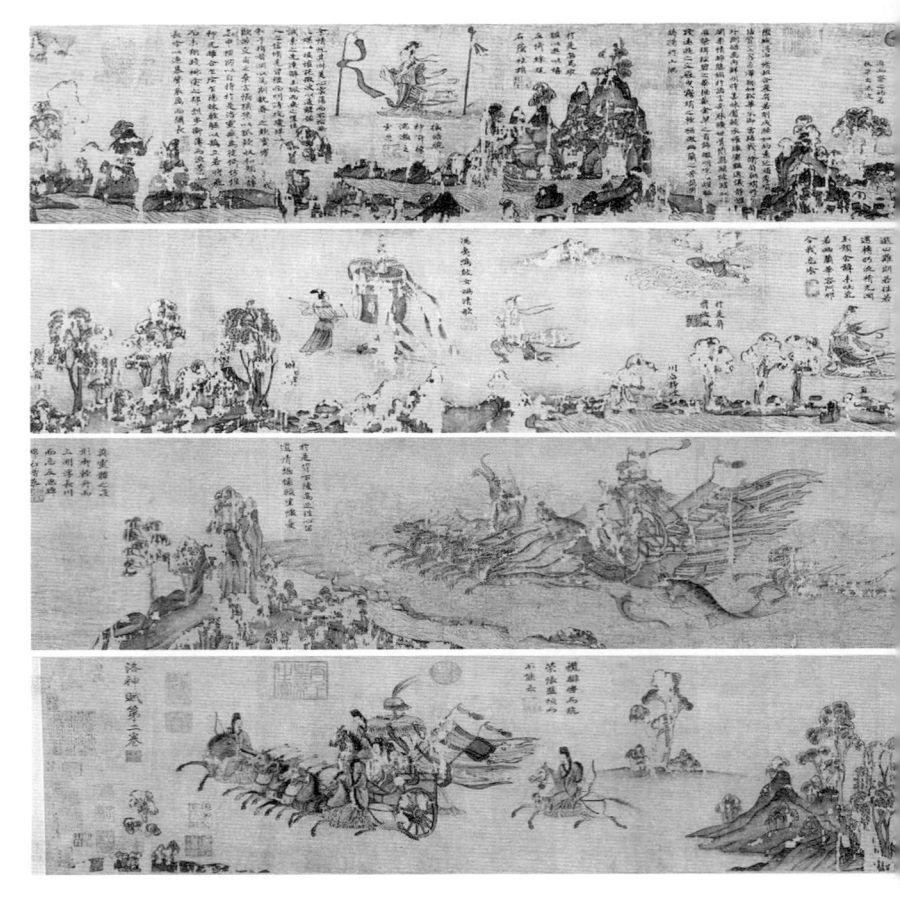

第一章 那一事

绘了黄初三年（222）曹植从京城归东藩的路途中，偶遇仙女洛神，两人互生情愫，又因人神殊途而不得不分开的故事。

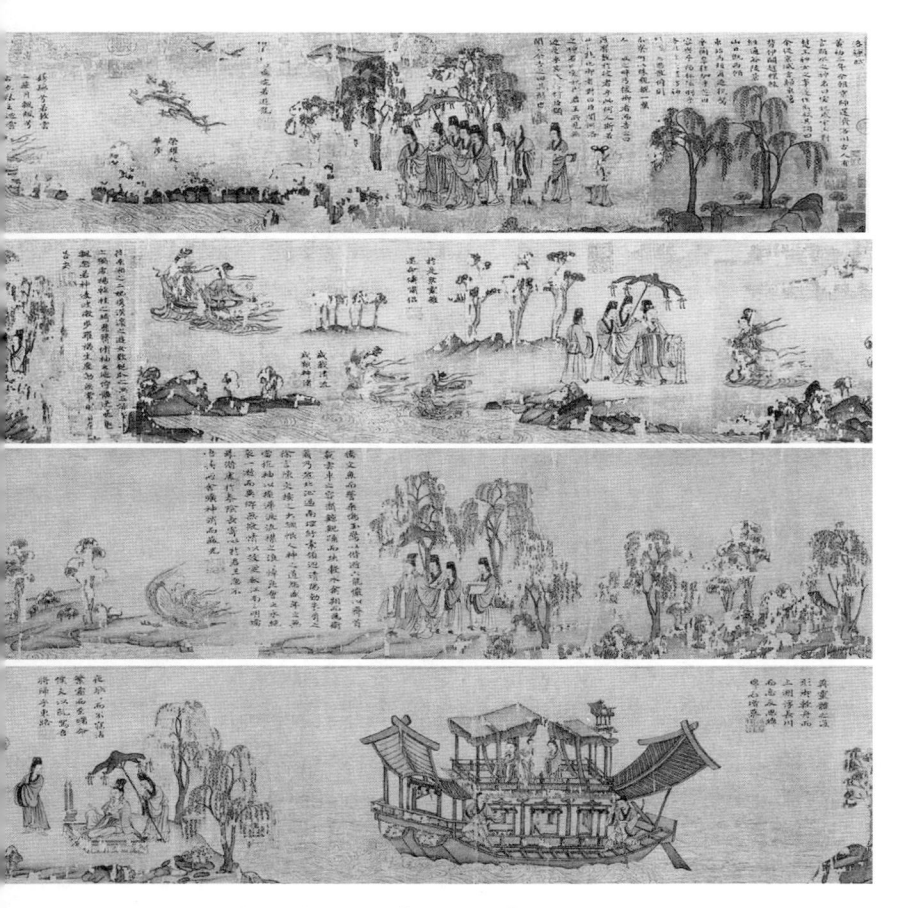

［东晋］顾恺之《洛神赋图》（现藏于辽宁省博物馆）

作为十大传世名画之一，《洛神赋图》[1]开创了中国传统绘画长卷的先河，也标志着中国早期绘画从政教的附属地位中脱离，从礼仪的实用功能走向了审美自觉的非实用功能。

"盖章狂魔"乾隆帝认为《洛神赋图》算是"妙入毫颠"[2]。虽然乾隆帝的品位一般般，但对《洛神赋图》的评价还算比较中肯。

乾隆御笔"妙入毫颠"

由于年代久远，顾恺之的《洛神赋图》已经佚失，现存均为摹本。其中较重要的摹本分别藏于北京故宫博物院和辽宁省博物馆。此前，辽宁省博物馆曾火热举办过"山高水长——唐

---

1 《洛神赋图》原图已佚，现主要传世的是九件摹本。分别收藏在北京故宫博物院（三本）、辽宁省博物馆（一本）、台北故宫博物院（两本）、英国大英博物馆（一本）和美国弗利尔美术馆（两本）。虽然北京乙本最详细，但其使用宋代画法对图有所增补，故本文使用仿六朝画法的南宋摹本配图，即最接近原貌的辽宁省博物馆本。——编者注
2 该四字见于北京故宫博物院甲本。

第一章 那一事

宋八大家主题文物展"，《洛神赋图》作为重要的展品，人气颇高。

不过，由于疫情等原因，很多文史爱好者不能赴沈阳观展，所以今天我们就和大家一起来欣赏这卷"一镜到底"的旷世名作。

众里嫣然通一顾，人间颜色如尘土

> 第一幕：洛水初遇
> 主演：曹植、洛神
> 群演：众随从

这里表现的是，曹植赴洛阳朝觐魏文帝曹丕之后，率众随从返回封地山东鄄城。一天途中，夕阳西下，车困马乏，于是大家决定在湖滨小憩。

画中可见随行的仆人正在卸车喂马，而曹植则神情舒逸，纵目远眺水波浩渺的洛川。这时，一位裙裾飘逸、手执麈尾扇、身姿雅丽娇柔、容貌端庄清秀的佳人突然出现，伫立于山崖之旁，这个人正是洛神。

从洛神的细部图可以看出，中国早期人物画的绘画技法比较稚嫩，且因作品受损，所以画中的洛神形象可能并不符合我们当代人的审美。但即便如此，我们也能看出画家似乎想通过细劲古朴的笔法，以形传神，生动刻画出凌波微步、罗袜生尘的仙女洛神。

曹植在《洛神赋》中也极尽华丽辞藻来形容洛神的娇美容貌和婀娜身姿:"翩若惊鸿,婉若游龙;荣曜秋菊,华茂春松……迫而察之,灼若芙蕖出渌波……"

在中国神话中,洛神是伏羲和女娲的女儿,出身高贵,美丽绝伦。因此,即便是才情横溢、洒脱不羁的曹植,见到她也不免心生爱慕之情。

慢脸笑盈盈,相看无限情

> 第二幕:互生情愫
> 主演:曹植、洛神
> 群演:众神、众随从

但见洛神蹁跹起舞,且行且戏。曹植步履前趋,恍惚间不禁被洛神的神姿仙态迷得神魂颠倒。于是解下身上玉佩,赠予洛神,以表倾慕之情。而站在右边的洛神,虽明礼仪但不善言辞,温婉含蓄地回应曹植的心意。

平日辞采华茂、任性狂放的曹植,此刻正担心自己驾驭不了眼前的仙女小姐,开始患得患失起来:他一边倾心于洛神的容颜,一边又想到周朝郑交甫曾遇见神女但惨遭抛弃的悲凉故事,心中未免有了一丝犹豫。

第一章　那一事

　　相信此时的洛神已被曹植打动,虽内心窃喜,但又因人神有别而踌躇徘徊。这种进退两难的情景可急坏了正在水中嬉戏和空中悠游的其他小仙女,她们见状,赶紧出来帮洛神出主意。

　　在接下来的图中,我们可以看到犹豫不决的洛神回首相望,欲言又止。曹植则含情凝视,盼复佳音。顾盼之间,两情缱绻。

　　与此同时,天上的风神屏翳收敛起凛冽的晚风,地上的水神川后也止息了汹涌的波涛。此时半空中还有河伯冯夷击响神鼓,而人身龙爪的女娲也在为勇敢而伟大的爱情高歌。

川后静波

女娲清歌

多情自古空余恨，好梦由来最易醒

　　第三幕：伤感别离
　　主演：曹植、洛神
　　群演：众神兽、众随从

　　聚散离合终有时。正当大家沉浸在欢乐喜悦的气氛中时，突然间龙鱼腾跃、玉鸾绕鸣，平静的水面再次波涛澎湃，预示着人神之恋有违天理，洛神必须离开，这样才能平息天地之怒气。
　　曹植自然不舍，摊开手欲跃过河面挽留她。但身为王侯贵胄，岂能冒险越过翻腾的江河？他身后的奴仆及时拦住了冲动的曹

第一章 那一事

植。颇为有趣的是,正是此画中曹植的"帝王摊",竟然成了日后中国人物画中的程式化形象。下图便展现了莫高窟壁画与《历代帝王图》中的"帝王摊"。大家可对比着看。

敦煌莫高窟第 103 窟　　　　[唐]阎立本《历代帝王图》(局部)

还没等曹植反应过来,神兽鲸鲵已从水底出来护航,飞天六龙更是齐头并进。它们驾着云车,将洛神接走了。是的,向来情深,奈何缘浅。洛神回头张望,眼神里交织着恋恋不舍之情和无可奈何的幽怨伤感,身后只留下横亘于二人之间的滔天骇浪。

◗ 023

直道相思了无益，未妨惆怅是清狂

第四幕：爱而不得
主演：曹植
群演：众随从

曹植不甘心与洛神的爱情就这样无疾而终，于是逆流而上，拼命追赶云车，欲与女神再续前缘。至于曹植的"豪华游轮"是否追上了洛神的六龙云车，画卷中没有描绘，曹植的原赋中更没有说明。不过从画面推断，曹植应该是追上了洛神，因为原本洛神随身携带的麈尾扇，后来紧握在了曹植手里。

大概是"发乎情，止乎礼"，洛神最终还是理智地拒绝了曹植，并将自己的麈尾扇送给曹植作为纪念。爱而不得的曹植只能落寞地回到岸上，彻夜露天长坐，唉声叹气，无法释怀。两名贴身侍卫担心主人会因此萎靡不振，又怕他沾染霜露而感染风寒，一名侍卫耐心地劝慰、开导曹植，另一名侍卫点亮蜡烛，并为他躬身撑伞。

天亮了，在侍从的劝导下，苦闷惆怅的曹植只能离开这片伤心地，重返封地。不过，已经启程的曹植依旧紧握麈尾扇，时而回头眺望，希望还能再次见到魂牵梦绕的洛神。

另外还有一点，我觉得应该说一下，那就是古代乘车制度等级森严，天子驾六，诸侯驾五，卿驾四，大夫三，士二，庶

第一章 那一事

人一。而画中曹植所乘坐的四驾马车与洛神乘坐的六龙云车对比鲜明,从而也暗示了他们之间的身份悬殊,注定不能姻缘美满的遗憾结局。

历史早已尘封,曹植心中的洛神究竟指谁?从古至今,众说纷纭。有人说洛神的原型是曹植的亡妻崔氏,也有人说洛神暗喻曹植的兄嫂甄宓。也许真相已无从考证,但这场史诗级的情感大戏绝对为后世的文学艺术创作提供了浪漫素材源泉。

考完试就能尽情放松了？

⊙ 黑逗

现在高考及后续的填报志愿、录取等事情，无疑是人生之重。对考生来说，无论成绩是否优秀，无论是否被自己心仪的学校录取，人生的一大关总算是过了。而高考之后的同学聚会，小到三五好友，大到整个班级，也会成为学生时代的珍贵回忆。

金榜题名之后相聚宴饮，也是中国自古以来的传统。唐代宴饮之风盛行，因此豁达豪放、喜欢游乐的唐人为新科进士安排了一系列宴会。自农历二月进士放榜，到五六月间曲江亭关宴，这三四个月都是宴饮庆祝的时间。各种聚会不仅让新科进士们有机会抒发自己的喜悦心情，更提供了绝好的社交机会，有助于进士建立起自己的人脉。

闻喜宴

闻喜宴，宴如其名，是新科进士中进士以后参加的第一场宴会。晚唐诗人曹松的《及第敕下宴中献座主杜侍郎》诗中，有"门前送敕朱衣吏，席上衔杯碧落人。半夜笙歌教泥月，平

第一章 那一事

明桃杏放烧春"这样几句,形象地描绘出了这样一幅图景:举子们得知自己金榜题名,喜出望外。在参加闻喜宴时,他们推杯换盏,欢饮达旦。

有研究者考证,曹松生于唐文宗大和四年(830),直到唐昭宗天复元年(901)才以七十二岁高龄考中进士。唐代科举有"五十少进士"的说法,可见考取进士难度之大。曹松在写下这首诗的时候,回想起自己参加科举考试的点点滴滴,想必感慨万千。

唐代闻喜宴的地点多选在曲江之滨。最初,举办宴会的敕书下达之后,新科进士们要各自出些钱物,合伙来举办闻喜宴,即在曲江的花树下宴饮作乐。到了唐末,闻喜宴已经转变成由官府出资并主持的"赐宴"了。如成书于晚唐五代的《唐摭言》在介绍闻喜宴时,便特意附上了小字注解"敕士宴",说明这是由皇帝下令举行的宴会,可见其具有浓厚的官方色彩。

官办的闻喜宴上,朝廷还会赐予每位新科进士一枚红绫饼。虽然我们现代人已经无从知晓这种点心的确切制法以及味道,但当时的读书人,应当是以得到红绫饼为无上荣耀的。

进士放榜后举办闻喜宴的习俗一直延续到宋代。北宋的闻喜宴一般在京师的琼林苑举办,因此又称"琼林宴"。

相识宴

如同赶场一般，高中进士的喜悦还未淡去，新一轮的社交活动就又开始了。中国古代的科举考试，考生能否考中，除了看个人的学识水平高低外，主考官和阅卷官的个人好恶也很重要。因此，新科进士高中后请当年主持考试的主考官吃饭，感谢主考官慧眼识珠，顺便为自己未来的职业生涯铺路，便成了必须做的事情。

在唐代，科举主考官的正式名称叫作"知贡举"。考试从命题阅卷、斟酌取舍，到排定名次，基本上是知贡举一人包揽，权力远超后世考官。中唐以后，知贡举的地位日益提升，不仅受新科进士的尊敬，也被其他朝官羡慕。新科进士普遍尊称其为"座主"，而进士们就是座主的"门生"。相识宴，就是座主、门生，以及其他一些社会名流共同参与的宴会，主要为加强座主、门生及同年之间的感情，巩固社交关系。

唐代相识宴一般会细分为大相识、次相识和小相识三种。需要注意的是，这里的大、次、小并不是按宴会举办的规模划分，而是依据座主的父母和兄弟健在与否划分的。如果座主父母都健在，那么通常会举办大相识宴，即座主与家人、朋友、门生欢聚一堂，席间觥筹交错、诗歌唱和，气氛非常热烈。如果座主父母只有一方健在，举办的就是次相识宴。如果座主父母双亡，但有兄弟健在，办一场小相识宴就可以了。

第一章 那一事

相识宴的参与者并不限于新科进士,还包括座主及其家人、同仁,还有一些社会上的知名人士。这也在一定程度上促进了座主、门生之间结为朋党,造成在朝廷上出现党争的现象。中唐名臣权德舆在唐德宗贞元末年连续三次担任知贡举,权势很大。在后来的"牛李党争"中,牛党的代表人物牛僧孺、李宗闵、杨嗣复等都是权德舆的门生。

樱桃宴

一般来说,进士放榜在二月,接下来的三月、四月便是樱桃成熟的时节。进士们怎能放过这尝鲜的大好机会?不如以此为由头,再聚一回。

那么樱桃宴是如何举行的呢?《唐两京城坊考》引《辇下岁时记》载:"进士樱桃宴,在崇圣寺佛牙阁上。"这句话等于是点明了樱桃宴的地点,而《唐摭言》更是记载了一次樱桃宴的经过:乾符四年(877),宰相刘邺的儿子刘覃考中了进士。刘覃为了庆祝,在樱桃上市的时节举办宴会。宴会当天,买来的樱桃堆得像小山一样高,同时还配了糖和酥酪,可以与樱桃同食。新科进士们每人取用一小盒糖和酥酪,一场宴会下来,耗费的糖和酥酪有好几升。

杜甫的《往在》提到了樱桃的用途:"赤墀樱桃枝,隐映银丝笼。千春荐陵寝,永永垂无穷。"唐代李绰的《岁时记》

也说："四月一日，内园准樱桃寝庙荐讫，颁赐各有差。"证明唐代的樱桃是用于陵寝供奉的珍果。

杏园探花宴

杏园探花宴，是新科进士参与的诸多宴会中声势最为浩大的。它的举办地点在曲江之西的杏园。

要知道，吃吃喝喝并不是这场宴会的主要内容，宴会的重头戏是"探花"。在杏园探花宴这一天，长安城内的各处公私园林都向新科进士们开放。宴会开始时，新科进士们会公推出两位年轻俊秀的进士作为"两街探花使"，由他们到全城的名园中采摘名花。众多百姓也可以借机一睹新科进士的风采。

两位探花使中，归来较晚的或者采摘名花较少的那位，一般会受到惩罚，但这种惩罚不过是多喝几杯酒罢了。金榜题名之后，有名花美酒相伴，即使在采花路上耽搁了片刻，想来也是一件幸福之事。

乾宁三年（896）进士及第并在杏园探花宴上被选为探花使的翁承赞，曾作《擢探花使》三首，抒发自己的喜悦之情。其一云："洪崖差遣探花来，检点芳丛饮数杯。深紫浓香三百朵，明朝为我一时开。"新科进士策马狂奔、意气风发的形象跃然纸上。

第一章 那一事

烧尾宴

关于"烧尾"一词的来源，流传比较广的一种说法是：鲤鱼跳龙门以后，必须有天火烧掉鱼尾，鲤鱼才能变成真正的龙。从普通学子变为进士，便相当于"鱼化龙"，需要一个"烧尾"性质的宴会，这样才能完成身份转变。

可能是由于这种象征意义，唐代人对烧尾宴格外重视，宴会也极为铺张奢华。唐人韦巨源曾撰《食谱》一书，其中的《烧尾食单》一章，便是对一次烧尾宴菜单的记录。这份食单原文久佚，但成书于宋初的《清异录》记载了该食单中的58道菜品，并且每道菜品之下都附有简单做法。

这58道菜品包括冷盘、热菜、点心等。其中既有"赐绯含香粽子"这样的传统食品，也有"婆罗门轻高面"这种从名字上就体现了异域风格的面点，还有"汤浴绣丸"（丸子汤）这样做法简便的菜肴，更有"素蒸音声部"（用面塑蒸制而成的表现大型乐舞场面的工艺食品，由70余个面人组成）这样费工费时、考验厨师手艺的面点。

烧尾宴由于菜色繁多、极尽奢华，造成极度的铺张浪费，因而遭到时人的非议。如唐中宗景龙年间官拜尚书右仆射的苏瑰，就曾向皇帝上书表示，因为看到百姓中有很多食不果腹的人，感觉十分羞愧，不敢参与烧尾宴。后来，由于统治者励精图治，提倡节俭，抑制奢靡，烧尾宴盛行之风便逐渐止息。这也是为什么只有韦巨源的《烧尾食单》流传下来一部分有关烧尾宴的记录,并成为现代学者研究唐初饮食史、烹饪史的宝贵资料的原因。

关宴

关宴又名曲江宴,是新科进士们庆祝活动的高潮,也是一系列宴饮活动的终点。关宴结束以后,新科进士们就要各奔前程,所以关宴也叫"离筵"。

与闻喜宴在曲江之滨举行不同,关宴举行的地点一般在曲江池畔。岸上的酒宴结束后,进士们便纷纷乘上画船,在曲江池上游览。与此同时,教坊派出乐队和舞队表演歌舞。甚至皇帝也会来到关宴的现场,但一般是在楼阁中隔帘观赏,不会直接露面。

中唐诗人雍裕之曾写过一首《曲江池上》,描绘宴会盛况:"殷勤春在曲江头,全藉群仙占胜游。何必三山待鸾鹤,年年此地是瀛洲。"

新科进士们参加关宴,除了表达依依惜别之情外,还有一个重要原因:关宴当天,长安城中居住的公卿大臣们,会带着家属前来挑选女婿。一旦被选为某大臣的东床快婿,新科进士在未来的职业生涯中就可以少走很多弯路。可谓是金榜题名与洞房花烛双双成就。

第一章 那一事

同时，进士的关宴，还常与"雁塔题名"联系在一起。慈恩塔，又名慈恩寺塔，就是今天西安的大雁塔。在塔下，进士们会推选书法好的人，将这一批新科进士的姓名、籍贯、及第时间等写在塔壁上。如果这批进士里后来有官至卿相的，还要将他的姓名改用朱笔书写。进士们将"雁塔题名"视为一种无上荣耀。如唐代大诗人白居易在高中进士、雁塔题名之时，曾有"慈恩塔下题名处，十七人中最少年"的感想，诗人的自豪之情溢于言表。

总之，唐代新科进士需要参与的各种宴会及相关的娱乐活动，可谓丰富多彩，为进士们建立友谊、结识社会名流提供了大量机会。虽然现在的高中毕业生聚会已经没有如此强烈的社交意味，但聚会中蕴含的对他人的美好祝愿，以及对光明前途的期许则亘古不变，历久弥新。

第二章 那一物

第二章　那一物

饱受争议的《大秦赋》，它的道具靠谱吗？

⊙ 一枕星河

古装大戏《大秦赋》于 2020 年底登陆央视，受到大量观众的关注，关于此剧中角色和情节的争议有很多。这次我们就抛开角色和情节不谈，只把目光转移到剧中的文物细节，不知道聪明的读者们能否把这些道具与博物馆里"古早"时代的文物对上号呢？

韘

说起来，《大秦赋》中涉及很多器物，都曾流行于商、周、秦、汉时期。可惜的是，由于时代较早，这些器物的普及度不是很高，甚至部分器物的名称还非常冷僻。

那么，我们就从大家比较熟悉的器物入手。我们知道，清代历史剧中的"扳指"是一种很常见的道具，那秦朝的扳指又是什么样的？

趣味中国史：古人潮流生活指南

青翠扳指
（现藏于北京故宫博物院）

清皮质嵌骨扳指
（现藏于北京故宫博物院）

清乾隆御题白玉
透雕人物图扳指
（现藏于北京故宫博物院）

清乾隆御题青玉扳指
（现藏于北京故宫博物院）

商玉兽面纹韘
（现藏于北京故宫博物院）

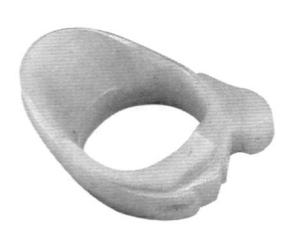

战国中晚期韘形佩
（九连墩2号墓出土，现藏于湖北省博物馆）

魏晋玉螭凤纹韘
（现藏于北京故宫博物院）

038

第二章　那一物

早期的扳指称"韘"，这个字的读音同"射"，是一种套在手指上的圆形管状物。它最早出现在商代，原本是用于射箭勾弦的护具，后来则逐渐演变为装饰物，而且还有了象牙、翡翠、玉石、玛瑙等多种材质的成品问世。

《说文解字》曰："韘，射决也。"说明此器物为骑射之具。如果穿孔便可用来系绳并缚于腕部，用时套于拇指上。张弓时正好可以将弓弦嵌入背面的深槽，以防止勒伤拇指。

如果你仔细观察便会发现，《大秦赋》中少年嬴政马上射箭时，手指上就佩戴着一枚韘。

《诗·卫风》有"芄兰之叶，童子佩韘"之句，其传[1]曰："韘，玦也，能射御则佩韘。"也就是说，佩韘是表示拥有射御的能力。古人还认为佩韘表示佩带者有决断事物的能力，所以战国时期的王公贵族大多佩韘。

1　此处指《毛诗传笺》。——编者注

耳杯

耳杯，又名羽觞。羽觞之名，最早见于楚辞《招魂》："瑶浆蜜勺[1]，实羽觞些。"后来，汉、晋、唐人的辞赋中都常见羽觞之称。如《汉书·外戚传下》有"酌羽觞兮销忧"之句。西汉称"杯"或"耳杯"，《史记·项羽本纪》中也有"幸分我一杯羹"。《大秦赋》中出现频率较高的器物当数耳杯，在剧中它是一种饮酒器。

耳杯的口沿与我们现在使用的杯子不太一样，一般呈椭圆形，弧壁，平底，少数有假圈足。由于器身两侧设有镶于双手端取的部分，形如两耳，所以其被称为耳杯。

耳杯最早出现于春秋晚期，但存量极少。战国到魏晋时期，人们开始大量使用。从存世的耳杯可以看出，那时以漆木质或铜质居多，陶质耳杯则一般用于陪葬。

马王堆一号汉墓出土的漆耳杯上写有漆书"君幸酒"和"君幸食"等字样，故可肯定耳杯为古代盛酒、羹或其他食物的器具，所以剧中使用耳杯来喝酒也是有历史依据可循的。

---

1 也有版本"蜜勺"写作"蜜酌"。——编者注

第二章　那一物

西汉"君幸酒""四升"云纹漆耳杯
（现藏于湖南省博物馆）

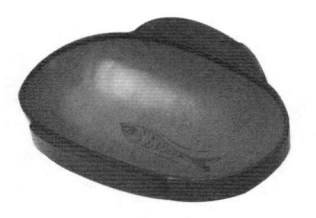

战国彩绘漆鱼纹耳杯
（现藏于北京故宫博物院）

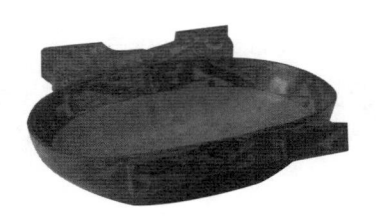

战国彩绘漆涡纹方耳杯
（现藏于北京故宫博物院）

汉白玉耳杯
（现藏于北京故宫博物院）

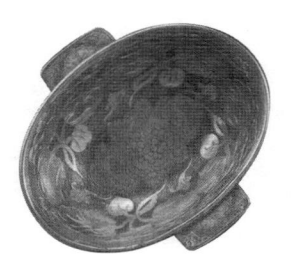

唐鎏金蔓草纹银羽觞
（现藏于陕西历史博物馆）

卮

除了耳杯，剧中还经常出现另一种盛酒器，它的外形更接近于我们今天的杯子，它就是"卮"，读音同"之"。

卮本来是西周至两晋之际广泛使用的一种饮器，产生于战国后期，流行于汉代。主要的特点是圆筒形器身，直壁，深腹，有环形錾耳或半环耳，有盖无盖都有。铜卮、漆卮在汉代较为常见，以玉为卮则属罕见。《大秦赋》中多次出现了漆卮和玉卮。

而且，我们还可看到《汉书·高帝纪下》载"上奉玉卮为太上皇寿"，《史记·项羽本纪》载"项伯即入见沛公，沛公奉卮酒为寿"。可见玉卮虽为饮酒器，但不同于普通酒器，一般用于隆重的场合或酒宴。

第二章 那一物

秦彩绘变形凤鸟纹漆卮
（现藏于湖北省博物馆）

西汉彩漆卮
（现藏于湖北省博物馆）

西汉"君幸酒"云纹小漆卮
（现藏于湖南省博物馆）

宋青玉兽足兽柄卮
（现藏于北京故宫博物院）

漆案

在王公贵族的日常生活中,卮通常会与盘、耳杯等一同置于案上,组成一套日常的饮食器皿。这套组合在《大秦赋》剧中也出现过,这里说的案是用来放置杯、盘等食具的,类似于今天的餐桌。

剧中出现的是用漆木做成的食案,多为长方形,平底,有足。主要流行于战国与秦汉时期。

长沙马王堆一号汉墓共出土两件形制、花纹相似的漆案。其中一件出土于椁室的北边厢,案上完好地放有五件小漆盘,盘内盛有已炭化或腐烂后的牛排等食物,另有一套竹串、两件饮酒的漆卮和一件漆耳杯,耳杯上放有一双箸。

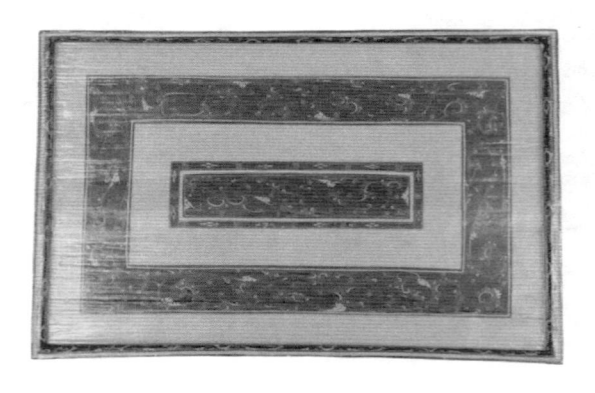

西汉云纹漆案

(1972年长沙马王堆一号汉墓出土,现藏于湖南省博物馆)

第二章 那一物

这种轻便的小型食案在汉代墓葬中出土颇多,这种摆设也反映了两千多年前贵族宴饮进餐时分餐制的情景。

令人震惊的是距今约四千五百年以前的山西襄汾陶寺遗址也曾出土过一些用于饮食的木案,这些木案说明当时人们就已经习惯了分餐制。实际上,真正意义上的会食制是从宋代以后才开始,距今也只有一千多年,而分餐制的历史至少有三千多年。

酒樽与勺

《大秦赋》中多次出现各种酒器。如剧中李斯在一次宴请中,在地上放置过一个圆筒形器物,这便是古代盛酒用的樽。酒樽是战国至汉代常见的生活用具,广泛流行于上流社会和普通百姓之间。

战国时期,战乱纷起,群雄割据,礼崩乐坏,礼器地位较以前大幅度下降,代之以更为实用的生活器皿。酒樽就出现在这种大背景之下,其造型构思可能借鉴了当时或加盖或无盖的三足鼎。从考古发掘的实物来看,战国酒樽形制几同于汉代酒樽。

趣味中国史：古人潮流生活指南

秦彩绘云龙纹漆樽
（现藏于湖北省博物馆）

西汉狩猎纹漆樽
（现藏于湖南省博物馆）

战国中晚期漆木勺
（现藏于湖北省博物馆）

西汉漆绘龙纹勺
（现藏于湖南省博物馆）

　　现在我们知道了，古代饮酒最基本的组合就是樽、勺和耳杯。其中，樽是用来盛酒或温酒的，勺为舀酒器，耳杯为饮酒器。樽身如圆筒，下有三足。有的樽带有盖，可起到保温的作用。它一般被置于宴饮场合，下面或有一方座，也有可能是圆座，樽内置一长勺，樽旁则置酒杯等物，饮用时用勺盛酒置于杯中供宾主享用。

第二章　那一物

汉乐府诗歌《陇西行》描述了一位家庭主妇彬彬有礼、落落大方地招待客人，其中就提到以樽酌酒来侍奉客人："清白各异樽，酒上正华疏。酌酒持与客，客言主人持。却略再拜跪，然后持一杯。"[1]完美表现出宾主饮宴时的礼节。

古代舀水、舀汤、舀酒都用勺。早期的勺一般都带柄。勺柄有长短、宽窄之别，勺头有圆、椭圆之分，材质有竹、木、铜、铁等。一般来说舀水的勺柄短、勺头大，舀汤和酒的勺柄长、勺头小。

盉

除了漆器，《大秦赋》中还出现过大量青铜器道具，比如后页图中这两件像壶的青铜器，叫"盉"。盉是一种盛酒器或调和酒水的器具。它形状比较多，但一般都是深腹、圆口，有盖，前有流，后有鋬，有三足或四足。这种器物从商代到战国都有，尤其流行于商和西周。《说文解字》："盉，调味也。"王国维《说盉》："盉之为用，在受尊中之酒与玄酒[2]和之，而注之于爵。"

1　参见汉乐府《陇西行》（天上何所有）。
2　这里的"玄酒"即指水。

趣味中国史：古人潮流生活指南

西周陵伯铜盉
（现藏于甘肃省博物馆）

春秋晚期吴王夫差盉
（现藏于上海博物馆）

商代晚期兽形觥
（现藏于山西博物院）

商后期兽面纹兕觥
（现藏于北京故宫博物院）

第二章　那一物

觥

其实,《大秦赋》中还出现过另一种酒器——觥,音同"公"。这种酒器常被用来盛酒。它最早见于商代晚期,一直流行至西周早期。《诗经·国风·卷耳》载:"我姑酌彼兕觥,维以不永伤。"意思是我要喝下那杯中的美酒,来忘掉心中那无尽的忧伤。

最早的觥用犀牛角制成,是纯天然的。后来的觥一般为铜质,器身常见复杂纹饰。它与盉一样也是前有流,后有鋬,不过流一般比较短且上翘,圈足或者四足,有盖。

盨

不知大家是否注意到《大秦赋》中多次出现过盨这种带盖的器具,通常表现为用来盛水或酒?其实这种器物是盛食器,可以用来盛黍、稷、稻、粟等。它的形状似簋而椭圆,名字叫"盨",音同"须",但是在《周礼》《礼记》《仪礼》中皆无此字记载,宋代之后将"盨"称为"簋"。直到清末,容庚才在《商周彝器通考》一书中把"盨"和"簋"分开。

盨在西周中期出现,到春秋后期逐渐消失。在铜器组合中,盨往往以偶数出现,且地位较高的贵族才能享用。

西周杜伯盨(现藏于北京故宫博物院)

西周应伯铜盨(现藏于河南博物院)

第二章 那一物

觯

《大秦赋》中还有一种酒器曾出现过,它就是"觯"。它在剧中的形状像觚,读音同"至"。

觯是一种酒器,为饮酒之杯。《礼记·礼器》曰:"宗庙之祭……尊者举觯,卑者举角。"青铜觯盛行于商、周时期,到春秋战国时期则开始逐渐消失。商代的觯多为圆腹、侈口、圈足,形似小瓶,大多有盖。西周时又发展出方柱形而四角圆的觯。春秋时期则演化成敞口、束颈、鼓腹、圈足,器体瘦高,口足均呈喇叭状,形状像觚,也就是剧中道具所呈现的觯的样子。

商代晚期山妇觯(现藏于北京故宫博物院)

趣味中国史：古人潮流生活指南

商晚期至西周早期凤鸟纹觯（现藏于湖南省博物馆）

西周父庚觯（现藏于上海博物院）

第二章 那一物

你知道三国时期陶瓷的风格吗？

⊙ 一枕星河

纷纷扰扰是三国。说起来，三国时期可能是读者们最熟悉的乱世了，尽管大多数的乱世迭代太快、线索太多，但乘着明清小说和当代戏剧的"东风"，三国短短六十年（220—280）的历史反而集合了众多脍炙人口的故事，可以说是文学、戏剧与历史结合的"经典案例"。

与之相反，这个时期的陶瓷知名度却不如历史故事那样家喻户晓。那么，你知道三国的陶瓷走的什么路线吗？今天就请与我一起来看看吧！

三国时期越窑青瓷洗（现藏于浙江省博物馆）

由于三国时期处于东汉时期之后，因此陶器基本延续了东汉的典型风格，但也稍有不同。随着这些年陪葬的陶质明器大量出土，我们发现人物和动物造型的陶器在三国时期占有较大比例。

三国吴青瓷坞堡（现藏于武汉博物馆）

三国魏陶井（辽阳市北园车骑壁画墓出土，现藏于辽宁省博物馆）

第二章　那一物

三国吴青瓷执盾俑

（1986 年武汉黄陂区滠口街道三国墓 M68 出土，现藏于武汉博物馆）

三国吴青瓷牛车

（南京市江宁区上坊吴墓出土，现藏于南京市博物总馆）

不过本篇主要说的还是瓷器，且这个时期的瓷器，还是一种兴起不久的新产品。造型和装饰基本上承袭东汉，在形式和花纹上与陶器、漆器和铜器比较相似。但是这一时期也逐渐发展出新的风格特点，这一风格特点也对南北朝的瓷器发展产生了深远影响。三国时期在瓷器制作工艺上进行了一系列改革和创新，为唐代瓷器的飞速发展奠定了基础。

我们知道，在东汉与三国时期，中国的经济重心逐步南移。这是由于江南地区的战乱较少，而同一时期的北方地区战乱频仍，因此南北方经济发展出现不平衡状态。在三国结束之后的一百五十年间，黄河流域的窑址和出土瓷器都很少，相比起来长江流域开始后来居上。

随着人口和技术的大量输入，江南经济得到迅速发展，也为瓷器和手工业的发展提供了良好的条件，东汉时期成功烧制的青瓷在这个时期出现了更多变种，南方众多窑口（均山窑、瓯窑、婺州窑、德清窑等）中，尤以浙江越窑青瓷的成就最为突出。

这一时期的越窑青瓷釉色趋于青绿色，釉质比较均匀，胎质变得更加纯净。南方瓷器除了釉色青绿的器物之外，还发明了酱釉和黑釉瓷器，扩充了瓷器家族的"成员"。

三国时期还出现了一些颇具时代特色的器物，这些造型在魏晋南北朝也得到了延续和发展，例如谷仓罐、彩绘盖罐、虎子、羊形烛台、熊形灯等。

第二章　那一物

三国越窑青瓷罐
（现藏于浙江省博物馆）

三国越窑青瓷蛙形盂
（现藏于浙江省博物馆）

三国越窑酱釉圆槅（现藏于浙江省博物馆）

三国吴鸡首罐一对（现藏于安徽马鞍山市博物馆）

057

三国吴青瓷堆塑人物楼阙魂瓶（现藏于南京六朝博物馆）

三国吴褐釉孝子送葬陶魂瓶（现藏于南京市博物馆）

第二章 那一物

谷仓罐又称"魂瓶""堆塑瓶",它是三国、两晋时期江南地区的特有代表性丧葬明器。

和前朝一样,陪葬明器依然包括鸡笼、狗圈、建筑等仿照现实生活场景的微缩版本。这说明三国时期的百姓家庭已经把家畜养殖当作一种普遍生活方式,很显然这是一种人与自然共生的环境理念。

三国吴青釉堆塑谷仓罐(现藏于北京故宫博物院)

谷仓罐一般上半部堆塑多种饰物,像上图这件收藏于北京故宫博物院的谷仓罐,上半部居中有三层崇楼,第一层两侧各有一条狗把门,楼檐之上有栖息的鸟和觅食的老鼠。崇楼两侧各立一亭阙,阙下有八位侍仆各执不同的乐器,他们正聚精会神地演奏乐曲。谷仓罐顶部堆砌有五只相连的罐子。大罐居中,还可看到一只老鼠正从罐口爬出。另有四小罐分列于大罐四角,周围簇拥着引颈觅食的雀鸟。

　　谷仓的下半部为一完整青瓷罐形,罐肩部塑贴一龟驮碑,碑上刻"永安三年时富且洋(祥)宜公卿多子孙寿命长千意(亿)万岁未见英(殃)"。龟的周围塑贴人物和鹿、猪、龟等动物,其间还夹杂刻画狗、鱼、龙等纹饰,另有"飞""鹿""句""五种"等字样。

　　它以百鸟争食、欢庆丰收、牲畜满栏等为题材的立体雕饰,展现了一千七百多年前江南吴地庄园五谷丰登的场景,目的是祈望死者仍能保持生前的种种享受。该谷仓罐散发着浓郁的生活气息。

三国吴青瓷釉下彩羽人纹盘口壶(现藏于南京六朝博物馆)

　　除了陪葬的明器,三国时期的日常器物也各具特色,如上图这件青瓷釉下彩羽人纹盘口壶便是如此。它上腹四周塑贴四

第二章 那一物

个铺首、两尊佛像、两只双首连体鸟,排列整齐,间隔有序,均以褐彩勾勒。该器胎上通体绘有褐彩纹饰,笔墨流畅,气韵生动,是我国以绘画技术美化瓷器的最早例证,堪称早期瓷器中的艺术珍品。它于1983年出土,其釉下彩工艺精湛,改变了人们对釉下彩工艺始于唐代的认识,把我国釉下彩工艺出现的时间提前了近五百年。

三国吴青瓷虎子

(南京市鼓楼区五塘村东吴墓出土,现藏于南京六朝博物馆)

再如,上图中的青瓷虎子源自战国时期的铜虎子。最初的造型很简单,只是一个横卧的圆筒体,没有任何虎形装饰。东汉时浙江等地首次出现了瓷质虎子,而到三国时期虎子才出现束腰,腿部也逐步丰满,形似一只昂首蹲伏的猛虎。

图中这件青瓷虎子就具有三国时期的时代风格。它体似蚕茧，流口朝上，圆腹，腰部稍内收，四足俯卧腹下，每足三爪。上面的提梁做螭虎状，腰脊隆起作柄，长尾卷曲，背脊刻直线纹数道。造型生动传神。

三国吴青瓷羊形插器（现藏于南京六朝博物馆）

我国用烛照明的历史悠久，战国、秦、汉时期就已经出现各种精致的铜烛台，三国、西晋时期更是发展出瓷烛台。其中，三国时流行羊形烛台，西晋则流行狮形烛台。

上图这件羊形插器，羊身躯肥壮，四足弯曲作俯卧状，昂首张口，竖耳，项脊分披鬃毛，腹部刻画双翼。羊头上有一圆孔，用于插烛。其匀净无瑕的釉色、优美匀称的造型，把羊温顺谦恭的特性表现得淋漓尽致，堪称六朝时期的青瓷珍品。

第二章 那一物

三国吴青瓷熊形灯正面
（1958年南京市清凉山吴墓出土，现藏于台北故宫博物院）

　　说完烛台，再说说油灯。三国时期，油灯的基本造型包括油盏、灯柱和承盘三部分。我们选取的这件熊形灯造型有趣，憨态可掬的小熊坐在油盏上，头顶承盘，双掌托举，在提示这件作品作为灯具的用途。承盘为钵形，灯柱制成幼熊形状，腹部鼓起，四肢细弱，身体刻画出细线纹，代表鬃毛。油盏底面刻有"甘露元年五月造"铭文，这是最早的刻有纪年铭文的瓷灯。

　　可以看出，三国的工匠已走出了青瓷器制造的初期阶段，把技术方法和艺术个性结合起来，创造出极具意趣的佳作。大家有没有被这只模样可爱的小熊"萌"到呢？

　　三国时期的陶塑形态各有差别。有的神兽得了好差事，笑得见牙不见眼。有的神兽则没有这般的好运气，千年之后还做着苦哈哈的"打工人"。

063

蜀汉灰陶摇钱树座（现藏于重庆市文化遗产研究院）

三国时期陶俑（现藏于武汉博物馆）

第二章　那一物

　　总体来说，三国时期的陶瓷一方面延续了东汉时期的风格，另一方面也发展出了新的器形和装饰，这些都为瓷器在后来发展成熟奠定了基础。总的来说，三国时期的陶瓷风格是朴素而生动的，尤其是人物和动物的造型栩栩如生、不事雕琢，充满生活气息。

古代小姐们的化妆盒中都藏着什么？

⊙ 薇薇安

妆奁，现代多称为化妆盒、首饰箱、饰物盒，是盛放梳妆用品和饰品的器具。传统样式的奁常被人视为工艺品收藏。中国古代的奁，多用漆木或陶制成。关于形态，战国至唐朝一般以圆形、矩形或多边形常见，且大多分层，宋朝以后则发展出可以开合的梳妆镜匣。

"云想衣裳花想容。"美，总是人们恒久不变的追求。如顾恺之的《女史箴图》中就描绘有一位娇柔少妇对镜梳妆的场景。她面前是一面圆形的铜镜，铜镜的边上，还散落着形色不一的盒子，里面装满了女子梳妆时所用的物品。

"化妆修颜"是古代女性必修课之一。那时的漂亮女孩也像现代女生一样，喜欢出门先化妆。她们不一定有宫殿与帷幄相伴，但一定少不了一方装纳胭脂粉黛的"妆奁"。在花树香径的阁楼中，她们晨起对镜奁，晓妆点绛唇，迎接新的一天。

那么什么是妆奁呢？《说文解字》记载："奁，镜奁也。"简单来说，妆奁就是化妆盒，是一种可以将镜子、胭脂、梳子以及各类首饰尽数收纳其中的盛物匣。如李清照诗中曾将妆奁

第二章 那一物

称为"宝奁",女子们对其的重视程度可见一斑。

那么,这些让女子们爱不释手的匣子里究竟藏着什么呢?现在就让我们来探索一番妆奁内的"锦绣天地"吧!

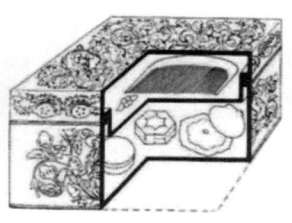

唐代妆奁及内部收纳空间

(左图为唐代孔雀纹银方盒,现藏于陕西历史博物馆)

古时女子也和现代人一样,在化妆之前必须先涂抹一层厚厚的粉底来修饰面容。考古发现,最早的妆粉由米粉所制。米粉是一种纯天然材料,但用作妆粉缺点很多,比如附着力弱,不够松散,需要时常补妆等。想象一下,妃子们早上化完妆,还没等见到皇上,脸上的粉就纷纷开裂,这会是一种什么样的搞笑场景。

067

[唐]周昉《内人双陆图》（现藏于美国弗利尔美术馆）

秦汉时期，随着炼丹术的成熟，诞生了一种新粉底——铅粉。人们发现，这种粉质的持久度远比米粉来得久，还特别美白。对此，刘勰在《文心雕龙·情采》中专门写道："夫铅黛所以饰容，而盼倩生于淑姿。"在这里"铅黛"便是指铅粉。虽然整句话的意思更侧重于宣扬女子的姿态美，但也能从侧面看出，当时的铅黛已是非常普遍的女子修容之物了。

漆粉盒是收纳古代妆粉的容器。化妆时，需要打开小巧的盒盖，再用丝绵制作的粉扑沾染妆粉，涂抹于脸颊部位。平日里，盒子一般都被闲置在妆奁内，静静地等待主人的下一次"临幸"。

而眉黛的用途主要是修饰眉毛。正所谓"眉清目秀"，古代人爱折腾眉毛也是真的。《诗经》早已告诉我们："螓首蛾眉，巧笑倩兮，美目盼兮。"没错，想要一个美美的妆，首先要会画眉，那么自然就少不了画眉神器——黛。

第二章 那一物

"黛"是一种矿石,也称作"青石""石黛",因其质地浮腻,可施于眉,故又有"画眉石"的雅号。在广西贵县罗泊湾出土的汉代梳篦盒中,曾发现一块已粉化的黑色石黛。不知历经沧桑的眉黛,曾粉饰过多少红粉佳人的眉毛。

[唐]佚名《弈棋仕女图》(现藏于新疆维吾尔自治区博物馆)

有了眉黛,自然还需要眉笔。古时的眉笔一般用细砂岩石磨成,也有用木头制成圆柱状,内嵌铁芯,再在表面涂上一层漆。古人画眉前,一般先用镊子修饰眉形,然后再将黛放在石砚上磨成粉末,以水调和,最后用眉笔蘸取,涂抹于眉上。

古人爱眉,溢于言表。如卓文君的"远山黛"便流行了千年,"张敞画眉"更是成了佳话。

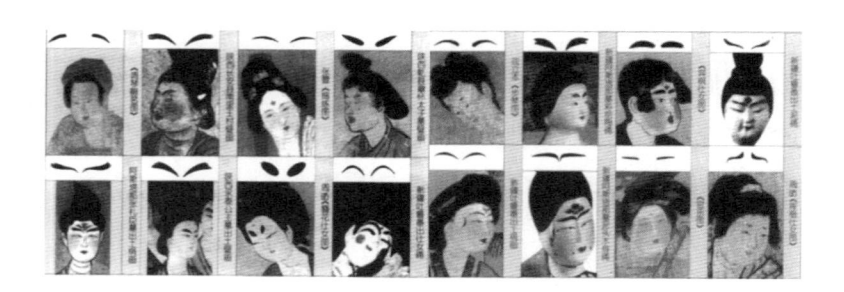

唐代画作中的女子眉形

说到面部、唇部修饰的化妆品，我们最耳熟能详的恐怕非胭脂莫属了，但是胭脂具体指的是什么呢？简单来说，胭脂就是面脂和口脂的统称。面脂可以理解为我们现在说的腮红，口脂则对应口红。在马王堆汉墓出土的双层九子漆奁中，就曾发现残留的胭脂粉末。

据古籍记载，古代的面脂由一种叫作红蓝花的植物制成。在花开之时，人们会摘取整朵大小如豆的花朵，放入石钵中研磨，提取出红色花汁，再配合以烦琐的工艺，制成膏体，即是面脂，最后放入盒内存放。

第二章 那一物

新疆阿斯塔那唐代张礼臣墓彩绘侍女壁画
（现藏于新疆维吾尔自治区博物馆）中的女子腮红（唐代桃花妆）

俗话说，粉面樱桃小口。有了面脂，自然少不了口脂的点缀。古代口脂的原料一般会选用朱砂，研磨成细腻的粉料后混入动物脂膏，如此就成了口脂。它不仅具有黏性，易上色，更有亮闪闪的效果。

最早的口脂呈糊状。唐代以后，口脂慢慢被制作成膏状，且放在特制的盒、管内，接近今天的口红。

不仅如此，古代的"口红色号"数量之多丝毫不输当下，仅《妆台记》就记载了十七种，比如石榴娇、小红春、嫩吴香、半边娇、万金红、圣檀心、露珠儿、猩猩晕、小朱龙、格双唐、眉花奴等，这种做法明显是想让选择困难症者无从下手。

说完口脂,我们再来说说花钿。花钿主要用于面部装饰。如今的很多网红妆,都会在脸颊或者眉眼处贴一些亮片,起到妆面"点睛之笔"的效果。在古代,这种往脸上贴东西的做法,有个专业名称,即"贴花钿"。花钿是一种用于额前或鬓角的面部装饰,由金箔片、珍珠、鱼骨等材料制成。而贴于面颊的花钿,也称"面靥"或"笑靥"。

小姐们是真往脸上贴"金"

《木兰辞》有:"当窗理云鬓,对镜帖花黄。"意思是巾帼英雄花木兰在沙场九死一生凯旋后,竟学着隔壁邻居家娇羞女孩子的样儿,对着梳妆镜贴起了花黄(花钿的一种)。征战沙场的花木兰对花钿尚且情有独钟,何况是一般爱美的女子呢?

第二章　那一物

在花钿流行的鼎盛时期，女子的脸上几乎贴满了"奇珍异宝"，有金箔、珍珠、银片、翠羽、贝壳，甚至鱼鳞，真是不一而足。

那时候，粘贴花钿的介质多为呵胶。粘贴时，只需对其呵气，便能将花钿粘贴到脸上。卸妆时，只要用热水一敷，又可轻松卸下。当然，不管是花钿，还是呵胶，也一并被收纳进妆奁。直到其他妆点完成，它们才能"粉墨登场"。

除了以上所提的日常必备化妆品，妆奁中的梳妆用具也是一应俱全。铜镜用于照容，是妆奁最基本的配置，因此妆奁也时常被称作为"镜奁"。

最早战国时期的妆奁多为单层，这是因为当时的化妆品较少，所有的物品都放置在一起。尔后层数开始越来越多，如汉代双层妆奁，功能便有了更合理的区分：上层空间一般置放铜镜，下层则存放其他的梳妆用品。

到了宋代，双层奁已演变为三层、四层乃至五层，甚至还出现了一种带有抽屉的妆奁。这种妆奁由镜箱发展而来，上方套有浅盘和镜架，专为置放铜镜而设计。

清代，妆奁的制作技艺已达到了炉火纯青之高度，以前单独分离的铜镜，已被镶嵌在妆奁内的镜台取代。女子们只需轻轻一拉，便是一面锃亮的镜子。

浮雕繁缛的铜镜，曾映照出那个时代女子们的花容月貌。梳妆之后，她们还要对着镜子欣赏一番。这或是因为她们对自己美貌的自信，抑或是这自恋中还带着一份对如花年华的珍惜。

脸上搞定了，就该打理头发了。古人云："身体发肤，受之父母，不敢毁伤，孝之始也。"[1] 古人们对头发的打理是很重视的，尤其是女子。将一头浓密的长发错落有致地梳起，绝对是一门技术活。由此，一种倒腾头发的工具——梳篦，应运而生。梳篦分梳和篦。齿稀的称"梳"，齿密的称"篦"。前者用来梳头，后者则用来清除发垢。

梳篦不仅能用，还能戴。魏晋妇女们就将其插于发髻之上，至唐则更盛。从唐代的传世画作中，我们常能看到女子们的头上插着梳篦，有的插在发髻前，有的插在发髻后，有的插在中间，有的插在两侧，没有固定的位置，完全是随心而定。唐代诗人元稹曾形容当时的女性："满头行小梳，当面施圆靥。"这满头都是梳子的形象，真有点儿难以想象。

《唐人宫乐图》（局部，现藏于台北故宫博物院）

---

[1] 参见《孝经·开宗明义章》。

第二章 那一物

梳篦除了作为一种头饰，还有着另一层特殊寓意。古时，头发也被称为"青丝"，谐音"情思"，于是终日与发为伴的梳篦，便成了男女之间的定情信物。当古代女子们每天从妆奁中取出精致的梳篦摆弄头发时，或许就正在思念着远方良人。

笄簪用于固发和装饰，比起用于点缀头发的梳篦，笄簪其实在影视作品或是流传下来的图像资料中更常见到。

笄是古代一种用于固发的装饰，常置于发鬓处固定挽起的发丝。最初的笄呈圆锥形或者长扁条状，并没有繁复的纹饰。古时女子插笄，不仅是一种日常状态，还是一种重要仪式。《礼记·内则》记载："（女子）十有五年而笄。"就是说，女子满十五岁时，必须举行"笄礼"，即由一名妇人给及龄女子梳一个发髻，插上一支笄，礼后再取下。

簪由笄发展而来，秦汉以后才出现此称。除了安发固冠，簪还可作发饰，形式更加多样，工艺也五花八门。

如唐代便出现了玻璃簪和琉璃簪，宋代的簪子更是以金银珠翠为主，其上往往刻有花、鸟、蝴蝶等各式图案。元明清发展出镶嵌工艺，簪子上也被镶嵌上琳琅满目的珠宝。纤长玲珑的鬓簪，为女子们绾青丝，作云髻。它的花纹雕饰不仅书写着一名女子的成长历程，也为她们娇俏美丽的容颜，增添一份庄重雅致。

战国时期彩绘人物车马出行图的圆奁（现藏于湖北省博物馆）

　　轻启古代女子的妆奁，犹如翻开一段尘封的岁月画卷。洒落的小物件，是那些美好的生命曾经鲜活地生活在这世间的印证。时光飞逝，妆奁前梳妆的佳人早已消逝不见，但她们留下一方方流光溢彩的妆奁，穿越了历史的幽香，来到我们面前。恍然间，仿佛看到了铜镜前浮现出那些快意明媚的容颜。

第二章　那一物

玉石"找不同"与"连连看"

⊙ 乙戌君

《周礼》载："以玉作六器，礼天地四方。以苍璧礼天，以黄琮礼地……"在古人的世界观里，天圆地方，所以用来祭天的玉璧基本是外圆内也圆的形状。不过圆玉中不光有玉璧，还有玉环、玉瑗和玉玦。从外形来看，它们都是中间有穿孔的圆形玉器，那它们之间都有哪些区别呢？

中间穿孔的圆形玉器

其实辨别玉璧、玉环、玉瑗、玉玦，只要记住一句话——"前三者看孔径，后一个看造型"就行了。

想来古人对如何分辨也是很头疼，所以《尔雅·释器》专门记载了玉璧、玉瑗和玉环的区分方法："肉倍好谓之璧，好倍肉谓之瑗，肉好若一谓之环。"[1]说的是：边为孔径的两倍是璧，孔径为边的两倍是瑗，边与孔径相等是环。

虽然从出土实物来看，圆玉的孔径制作并不是文献记载的那样，不过从孔径与边的比例，我们依然可以大致分辨出玉璧、玉瑗和玉环。若三者放在一起，那就更好比较了。孔径：玉璧＜玉环＜玉瑗。

战国谷纹玉璧

（现藏于中国国家博物馆）

战国早期玉环

（现藏于山西省考古研究所）

战国玉扭丝纹瑗（现藏于北京故宫博物院）

---

1 邢昺在《尔雅疏》中曰："肉，边也；好，孔也。"——编者注

第二章　那一物

　　玉玦的辨别方法更简单。虽然同为圆玉，但是玦有缺口，从造型上一眼便可认出。

商代龙形玉玦（现藏于中国国家博物馆）

　　以上区分方法主要适用圆形孔状玉器，对于特殊造型的璧、瑗、环和玦，还需要具体问题具体分析。除此之外，在玉器分类辨别中，玉璜和玉珩的出错率相当高，原因就是它们实在太像了。

　　常见的玉璜造型主要为半璧形或长弧形，或素面，或雕有精致纹饰。

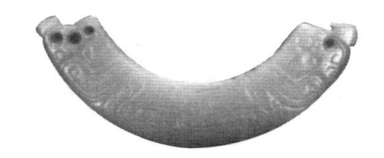

西周龙纹玉璜（现藏于北京故宫博物院）

而玉珩通常作弧形片状,普遍应用镂空、浮雕等手法,璧沿多有出廓雕饰。

战国双龙首珩(现藏于中国国家博物馆)

或许内行能够快速辨别,但是对于外行来说,单从外形上看就很难。而且令人头疼的是,玉璜和玉珩的用途也基本一样,它们都是玉组佩上的重要配件。所以想从出土位置和功用上来辅助分辨,基本是不可能的。

虽然有诸多干扰因素存在,但是学会了看开孔,玉璜和玉珩的辨别其实也非常简单。一般情况下,玉璜两端开孔,顶上不开;玉珩两端开孔,顶上加一孔。

春秋玉龙纹璜(现藏于中国国家博物馆)

第二章 那一物

春秋玉珩（现藏于山西省考古研究所）

这样的开孔方式也与它们不同的穿戴方法有关。玉璜通常是两端翘起，凹面向上，凸面朝下；玉珩形似磬，显然凸面朝上，凹面向下。

西周玉人纹璜（现藏于中国国家博物馆）

战国玉珩（现藏于淄博市博物馆）

而且作为佩饰，玉璜出现的年代比玉珩早得多，所以以年代、纹饰加以辅助猜测才是正确方式。孙机先生认为，先秦时期玉璜和玉珩的区分并不严格。目前也缺少有力的文献与考古实物证据，所以此方法仅供参考。

玉圭和玉璋都是王侯朝觐、祭祀时的重要礼器，文献中也常以圭璋联用。虽然同为扁平长方体玉器，不过两者在形制上还是有明显区别的。

明代玉圭
（现藏于中国国家博物馆）

新石器时代玉牙璋
（现藏于中国国家博物馆）

我们常见的玉圭大多是三角形尖首，平齐下端。

西汉玉圭（现藏于西安市文物保护考古研究所）

第二章 那一物

玉璋则一端作斜刃或"V"字形，另一端有穿孔。

商代晚期玉璋（现藏于三星堆博物馆）

东汉许慎在《说文解字》中说："半圭为璋。"从形状来看，斜刃尖首的璋确实很像尖首圭的一半。不过除了以上常见的形制，根据时代、作用、地区的不同，玉圭与玉璋的形制也有很大不同。比如从新石器时代到西周时期，还存在过一种平首或缳首的玉圭。

新石器时代兽面纹玉圭　　　　　　商代玉圭
（现藏于北京故宫博物院）　　　（现藏于北京故宫博物院）

除了斜刃或"V"字形的，三星堆出土了一种鱼形玉璋。

083

玉璋（现藏于三星堆博物馆）

而面对这些比较特殊的形制，必须有一定的玉器知识作为背景支撑才行。

通过这么多图，可能大家也发现了，虽然玉圭和玉璋都是手持的，但是大多数玉璋有一个较明显的手柄，这也算是一个辅助辨别的方法。

玉牙璋与青铜持璋小人像（现藏于三星堆博物馆）

单从外形来看，玉韘和玉指环的相似性不大，不过很多人经常会因为佩戴方式相同将它们归为一类，这里作比较也是想突出它们之间的差别。

第二章　那一物

战国早期玉韘（现藏于随州市曾侯乙墓遗址博物馆）

现代人通常将手指上的环状装饰品统称"戒指"，但实际上戒指这种定义方式是从西方传入的，并不完全适用于中国古代社会。比如玉韘和玉指环，虽然都是戴在手指上的，但从功能方面细究，可是有很大区别。

玉指环出土的实物不多，但出现时间很早。山东泰安大汶口遗址就曾经出土过一些玉指环，根据考古报告，佩戴不分男女，不分左右手。从功能上看，玉指环还是主要偏装饰作用。

玉指环（现藏于山东泰安大汶口遗址博物馆）

玉韘则更注重实用性。《说文解字》曰："韘，射决也。"说明此器物为骑射之具。玉韘戴在勾弦的手指上，可用以扣住弓弦。同时，在放箭时，也可以防止急速回抽的弓弦擦伤手指。

妇好墓出土的商玉韘（现藏于河南安阳殷墟博物馆）

不过战国晚期，具备射箭实用功能的玉韘已趋式微，与此同时也分化出佩戴装饰功能的韘形佩，但是已经不戴在手指上了。

汉代玉螭凤纹韘（现藏于北京故宫博物院）

以上这些方法，主要是针对一般情况，为大家提供一些简单的分辨玉的方法。然而文物学浩如烟海，想要成为真正会看展的人，还是需要多储备专业知识。

第二章　那一物

盛水的器物

⊙ 羽林郎

"军持"的梵语名为"kundikā",印地语名为"Kendi",中文名还有"军迟""君持""君迟""捃稚迦"等译法。其实,它的含义就是"水瓶",是僧侣云游时所带的贮水器,贮水以备饮用及洗手。

君持

"这是什么?"

"不是写着吗?军持。"

"我是问干什么用的。"

"不知道。"

在博物馆看展的时候,我们经常会听到一些类似的对话,这种"两个字分开我都认识,合在一起就不知道是什么意思"的情况,是不是有点儿尴尬?

瓶就瓶,碗就碗,可偏偏有些器物"不走寻常路",非叫一个你完全看不懂的名字。这些名字到底是什么意思呢?

"军持"的梵语名为"kundikā",印地语名为"Kendi",中文名还有"军迟""君持""君迟""捃稚迦"等译法。其实,它的含义就是水瓶，是僧侣云游时所带的贮水器，贮水以备饮用及洗手。

随着时代的发展，军持也作为佛教法事活动的法器，因而普通人也时常使用。如宋代塔基中出土的军持可以看出它们背后的浓厚宗教色彩。在诗词记载中，军持（或称"净瓶"）还出现了插花陈设、装酒等用途。

> 戏临小草书团扇，
> 自拣残花插净瓶。
> ——黄升《鹧鸪天·暮春》

> 醍醐乳酒注军持，
> 听取长生蒴记。
> ——杨慎《西江月·画观音寿意》

那究竟哪些器物命名为军持呢？简单来说，军持可以分为单口军持和双口军持，其中双口的较多。

大约在隋唐，军持已经传入我国。之后，北宋的军持开始显得"清瘦"，甚至还拥有了"天鹅颈"；南宋至元的军持则是呈大口、小短脖；明清时期，矮胖的形象已经很常见了。

第二章 那一物

唐代白瓷军持
（现藏于陕西历史博物馆）

明代釉里红缠枝牡丹纹军持
（现藏于北京故宫博物院）

明代青花缠枝牡丹纹军持（现藏于北京故宫博物院）

这里出现了一个问题，为什么几乎相同的器物，有的博物馆介绍为军持，而有的却叫净瓶呢？

按照唐代高僧义净的解释，军持包括净瓶和触瓶两种。陶瓷质地的为净瓶，金属质地的为触瓶。二者使用场合虽略有差异，但形态基本一致。即便对军持分得较清的中国佛教典籍中，也是很早就将两个名称混用了。

北宋吕氏家族 4 号墓铜净瓶（发掘者命名，现藏于陕西考古博物馆）

清代藏草瓶（现藏于北京故宫博物院）

考古发现的器物命名也常常将军持和净瓶等同，所以在参观不同博物馆时看到它们不同的名称，也不必惊讶。

其实，前面提到的单口军持，还有一位"亲戚"——藏草瓶。有的人认为它是单口军持发展到后来的一种变式，可以归为单口军持。藏草瓶是盛水或插草的藏传佛教法器。

第二章 那一物

多穆壶、贲巴壶、僧帽壶

"多穆"在藏语、蒙古语、满语中发音相似,但其含义略有差异。在藏族,多穆壶是用来搅拌和盛放酥油茶的器皿;在蒙古族和满族,是用来盛装奶茶的器皿,所以将清宫之中的多穆壶理解为满族贵族的高级奶茶壶也还有些道理。

不过多穆壶可不只是奶茶壶那么简单,它应该是有盛装液体的实用意义和藏传佛教的礼制意义。尤其是在重视藏传佛教的宗教民族团结的清代皇室和上层社会中,多穆壶更多地被用在民族和宗教活动(比如册封和法事)中,礼制功能更加突出。

清代粉彩八宝勾连纹多穆壶(现藏于北京故宫博物院)

下面这个有点儿形似大象的壶是藏族宗教活动中的祭神用品。

"贲巴"在藏语中意为瓶，有趣的是这个瓶没有柄，却有"象鼻"。

瓷质的贲巴壶由金属质地的器形发展而来，清代康熙、乾隆时期烧造较多。御窑厂烧造的那些瓷器用来赏赐西藏、青海等地区的宗教领袖再好不过了。

清代斗彩璎珞纹贲巴壶（现藏于北京故宫博物院）

和多穆壶相比，贲巴壶——这个仿佛给自己戴了一顶喇嘛帽的器物——一直都是宗教法器。这种器形元代首创，明清时期沿用，并出现了紫砂僧帽壶。明代永乐、宣德时期，汉藏文化交流频繁，景德镇御窑厂曾大量烧造僧帽壶。该壶以白釉和红釉制品最名贵。清代康熙朝也曾仿烧永乐和宣德时期的白釉、红釉僧帽壶。而西藏博物馆将它解释为"西藏喇嘛所使用的宗教器皿，由于其壶口近似于噶举派喇嘛帽而得名"。

第二章 那一物

明代白釉僧帽壶（现藏于观复博物馆）

𥻗斗与唾壶

𥻗斗，又名渣斗，常常被人们与唾壶混为一谈。

唾壶在三国时已经出现，𥻗斗在唐晚期则更为多见。在后者的影响下，唾壶"出镜率"降低，因为它们功能相似，𥻗斗也承担了一部分唾壶的作用。

另外，一些唾壶还有盖子与之配套。

隋代青釉印花带盖唾壶（现藏于北京故宫博物院）

唾壶作为卫生用具，很多人单纯理解为就是用来吐痰的。但根据一些考古资料来看，不少唾壶其实还可用来吐漱口水，后来有时也用来吐食物残渣，比如鱼刺、肉骨头。因此，在明清墓葬中它常常和食器等用具一起出土。

唗斗的用途不仅于此。那些极小口的唗斗不适合存放食物残渣，它们的外形设计很适合吐漱口水。唗斗还常跟一组高雅器物一起出现，从辽墓壁画等资料来看，唗斗可能也有倒茶渣的功能。

唐代白釉唗斗（现藏于北京故宫博物院）

明清时，唗斗一般会放置于床边和几案上，应用也更广泛，可以容纳微小的废弃物，甚至我们还能看到银器或漆器制品。

第二章　那一物

虎子

"虎子"这种器物的用途,有众多说法,但是结合文献中的众多记载来看,"溺器"的解释还是较为靠谱的。简单来说,溺器就是夜壶。虎子因长得像卧虎而得名,史料记载源于汉代,现在考古界基本认为出现于战国。

东晋青釉虎子(现藏于绍兴博物馆)

这个奇特的名字到唐代时因避先祖李虎的名讳,也有记为"兽子"等名称。根据考古发现来看,虎子很可能是专属于男性的溺器,而女子所用应是称为"马子"(马桶)的器物。

水丞

水丞作为一种文房用具，用来盛研墨用的水，使用时多附有小勺。它一般放在书案上，主流形态是扁圆形。

清代炉钧釉水丞（现藏于北京故宫博物院）

现存最早的水丞实物为汉代青瓷水丞。两晋南北朝时又发展出了陶质和瓷质水丞。

唐宋时期，更是出现了青瓷水丞，甚至还有白瓷、酱褐釉、三彩等材质的水丞。

明清时期，瓷质水丞最为流行。其种类有青花、粉彩、釉里红、天蓝釉、青白釉、仿官窑、汝窑等。也有许多设计奇妙精巧的水丞用竹、玻璃、玛瑙、玉等材质制作而成。

第二章 那一物

清代唐英仿官水丞（现藏于北京故宫博物院）

传瓶

唐代，佛教中有使用传瓶作为宗教器具的记载。传瓶作为隋唐时期贵族使用的明器，与佛教文化的传播有重要关系。

《续高僧传》记载："遂讲涅槃。传瓶不失，于兹乃验。"

从上面的记载或许可以看出它是镇墓和保佑灵魂的专用明器。

北京故宫博物院展出的传瓶上也有铭文："□保□□，□□全上着，□待龙一龙三，谁不□对虎凤一保，答还一母在凰虎客，一乡去家。"

现今，常见的传瓶有双瓶合体和单体两种，双瓶合体尤为典型。

第三章 那一天

第三章 那一天

古代母亲的一天

⊙ 薇薇安

现在,我们总说母亲为孩子操碎了心,那古代的母亲也是如此吗?其实古代母亲更是为孩子操碎了心。还记得那句诗吗?"慈母手中线,游子身上衣。"这就是古代母亲的真实写照。今天,就让我们从古画里看看古代的母亲们都在做什么。

早晨

一千多年前的某个清晨,时在大宋,天还未亮,客店窗外松影深深,恰似"晓月渐沉桥脚底,晨光初照屋梁时"。

忽闻一阵脚步声响起,只见一位士人衣衫齐整、帽子端正,下得楼来。不过此人似醒非醒,踉踉跄跄地随意找了一张方桌,便又倒头睡去。

与此同时,书童已整理好行囊、书箱,牵了马,端端正正地立在客栈门外等候。这位老兄是要进京赶考?赴太学读书?还是新得了官,忙着上任?不禁让我们陷入沉思。

时不时有一声声马嘶,惊断长久的沉寂。"这些个读书人,起得可真早!"书童边嘀咕,边打哈欠。

[南宋]佚名《征人晓发图》（局部，现藏于北京故宫博物院）

　　这边是悄悄的等待，而另一边则是一位正忙活于厨房、厅堂之前的面容憔悴的中年妇女。很明显，她是这家客栈的老板娘。鸡鸣之前，她便穿好衣衫，利落地束起头发，淘米、择菜、生火……只为让赶早的客人喝上一口热粥，吃上一口热饭，由此来挣些小钱，贴补家用。

第三章 那一天

[南宋]佚名《征人晓发图》(局部)

此时,白米稀饭已快煮好。揭开锅盖,便有一股香气弥漫开来。"得赶紧端给大堂中等候的读书人。"她暗自思忖,却忘记了一旁蹒跚学步,还未把衣衫穿好的孩子。透着寒气的清晨,小孩子只穿着一件单薄的肚兜。

母亲的一天,便从这样的忙忙碌碌中开始。送走了早起的客人,天已是蒙蒙亮。望着那士人逐渐远去的背影,母亲想到自己的孩子有朝一日也要离家远游,不禁泪湿衣襟。

一声啼哭,将她拉回现实。原来是那没穿好衣服的孩子,嚷嚷着要出去玩。母亲见状,赶紧洗净了手上的油沫子,然后又耐心地为他梳辫子、扣扣子,再将那在地上摸滚过的衣服掸去灰尘。灰头土脸的孩子,瞬间变得清爽整洁。

上午

[南宋]李嵩《骷髅幻戏图》（局部，现藏于北京故宫博物院）

"看戏了，看戏了，好看的傀儡戏！"一位袒胸露乳的妇人正在街头吆喝。

前几日，听闻街上有美妙绝伦的傀儡戏表演，许多人趋之若鹜。其实这只是一种民间把戏，即将木偶的四肢、头部等各个关节用线连接起来，再经由人操控，演绎出千姿百态。一位母亲想着，今日既有机会得以一见，定要带着孩子去见识见识。

第三章 那一天

[南宋]李嵩《骷髅幻戏图》（局部）

城镇的街道在车水马龙中苏醒，摊主一个个支起摊位，红光满面地迎接清晨的第一批客人。那孩子远远地瞧见人偶，便高兴得满地打滚，伸着小手想要摸摸。母亲急得马上跑过来，摊手躬身，作搀扶状，生怕孩子摔疼了。

卖艺的妇人旁边，摆着一副担子，上面放满了草席、雨伞、锅碗瓢盆等日常物品，想必是卖艺漂泊艰辛，整日居无定所。母亲见那位妇人甚是可怜，又同为人母，便轻轻地放下了几两银子，悄然离开。

"货郎儿，货郎儿。"母亲刚一回身，便见一位摇着蛇皮鼓，挑着担子的货郎经过。他的头上戴着一顶花帽，腰上缠满了琳琅满目的货物。沉甸甸的货物，已将他压得有些喘不过气。

105

趣味中国史：古人潮流生活指南

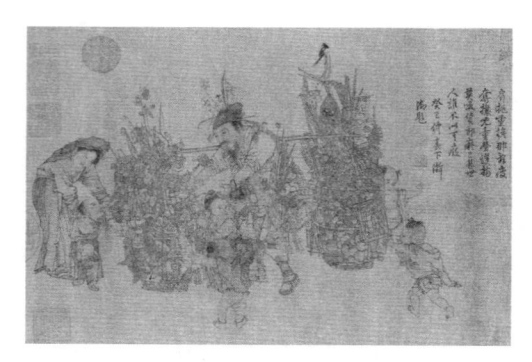

［南宋］李嵩《货郎图》（局部，现藏于北京故宫博物院）

竹匾中真是暗藏乾坤：花灯、风筝、爆竹、铃铛、拍板、拨浪鼓、糖葫芦串、雪花膏、泥人偶、面花儿、糕粉孩儿、果实将军……各种好吃的、好玩的，应有尽有。而在货郎的四周，客人们早已将路围得水泄不通。

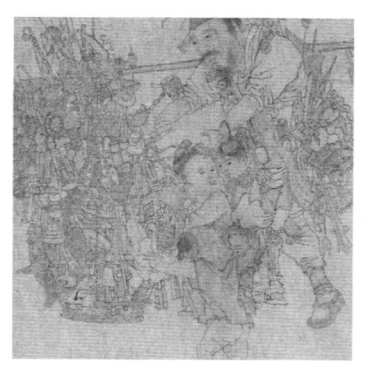

［南宋］李嵩《货郎图》（局部）

第三章 那一天

中午

渐近午时，日光拉长了树影。山林掩映间，有一方不起眼的茅屋。

忙碌了一个上午，母亲已有些困乏，但她心里仍是念着小儿尚未读书，便揉了揉惺忪的双眼，然后提起精神到小院亲自伴读。她一字一句耐心地教着贪玩调皮的幼童，双手还不忘将麻搓成线，用于纺织。

可捣蛋的孩子怎能安得下心来？他们的双眼时不时瞥向外面，幻想着在草地上抓蟋蟀、玩泥巴、捉蝴蝶……连念出来的文章也前言不搭后语。

母亲只得放下手中的活，好声好气地安抚孩子们焦躁的心情。她的眼神中透露着些许的疲惫，可是繁重的家务和顽皮的孩子，使她无暇顾及自身。

趣味中国史：古人潮流生活指南

［明］周臣《辟纑图》（局部，现藏于天津博物馆）

［明］周臣《辟纑图》（局部）

第三章　那一天

下午

不到半日，孩子又哭闹起来。原来是隔壁家的小哥正手握着槌球，在院门口摇头晃脑地显摆自己新淘的宝贝，一时间惹得孩子眼红万分。他趁母亲不注意，立马扔下书本，跌跌撞撞地跑过去，兴高采烈地玩起球来。

［南宋］佚名《蕉阴击球图》（现藏于北京故宫博物院）

母亲见拦不住，只能黯然地收拾起书桌，叹了口气道："这孩子，到底不是读书的料！"可自己生的娃，终究是自己疼。看着孩子尽情嬉闹的背影，她还是欣慰地笑了。

丈夫外出打工已多日，独自在家的母亲一手包揽了家中大小事务。除了料理客栈、照看孩子，还有每日必做的纺织工作。

古代讲究男耕女织，女子"一日不织或受其寒"，而这纺织工作又极其繁复，采摘、养蚕、沤麻、纺线、织布……为此，母亲常常是手磨出了茧子，眼睛熬得通红。

［北宋］王居正《纺车图》（现藏于北京故宫博物院）

正值孩子们耍得火热之时，一阵叩门声传来。原来是隔壁的阿嬷拿着线团，催促母亲赶紧织布，马上收布的人就要来了。母亲忙将孩子安置一旁，腾出一块空地，然后搬来了纺织机，娴熟地操作起来。她手摇纺车，那老媪则弯腰弓背，远远地站着，双手递线，配合默契。

有了布匹，便能量体裁衣，身处陋室也不再惧怕严冬风霜。

孩子见母亲忙碌起来，只得坐在一旁，自个儿玩起了蟾蜍。他偶然抬头看了一眼母亲，只见母亲正弯着腰，聚精会神地织

第三章 那一天

着布，丝毫没有空闲搭理自己。于是他只得眼巴巴地望着，期盼母亲间或给他一个温柔的回眸。

暮时

织完布，已是黄昏。落日西沉，大地沐浴在一片金晖之中。

［南宋］马远《诗经豳风图卷》（局部，现藏于美国克利夫兰美术馆）

田埂上，仍有几人不辞艰辛地劳作。他们双脚踏在发黄的小麦地上，脊梁暴露在外。汗水早已顺着额头滴落在泥土中，最终化成滋润的养料。起风了，风吹麦浪，犹如一片金色的波涛。

[南宋]马远《诗经豳风图卷》(局部)

母亲体谅那些在田间劳作的男子食不果腹，便烹制了美味佳肴，然后又盛放在竹篮中，携着孩子走过乡间小路，为他们送餐。一路上，她循循善诱地教导孩子，珍惜来之不易的粮食。孩子似懂非懂地听着，小嘴念念有词："锄禾日当午，汗滴禾下土。谁知盘中餐，粒粒皆辛苦。"

第三章 那一天

[南宋]马远《诗经豳风图卷》(局部)

路上,巧遇一家三口正疲倦而归。男子走在最前,扛着锄头艰难地行走着,劳作了一天,明显已无余力。妇女则挑着担子,两个沉重的竹筐将她纤细的腰身压得像那扭曲的老树干。孩子即便很小,也在提着水壶,摇摇晃晃地迈着小步子,尽其所能地为家庭分担重负。

[南宋]马远《诗经豳风图卷》(局部)

母亲听那妇人叨叨："因为缴租纳税，家里的田地都已卖光，只好拾些麦穗充填饥肠……"这位母亲深有同感，不禁潸然泪下。遂拿出一点热饭热菜，塞到那幼童的手中，嘱咐他回家定要吃饱穿暖。

夜晚

天色暗沉，一钩弯月挂上梢头。

虽然丈夫还未归家，但吵闹了一天的孩子，已逐渐安静下来，原本灼灼的双眼已没了光彩，小脑袋歪在脖子上，似乎马上就要睡去。母亲拿出浴盆，盛满水，用手蘸了蘸，待温度适宜之时，方将孩子慢慢抱入水中，为他洗浴更衣。

孩子一见水，便又兴奋起来，扑动着小手小脚，水花溅得四处都是。母亲耐心地用衣袖拂去脸上的水滴，悉心地为孩子搓背、擦身，每一个动作都无比轻柔。

没过一会，孩子便摇身一变，成了白白净净的胖小子。他把小指放到嘴里，吸吮着，一副安然的样子。母亲宠溺地笑了笑，拿出干净的衣服，为他穿上。

孩子依偎在母亲的怀中，撒着娇，仿佛舍不得告别母亲而独自睡去。

第三章　那一天

[宋]佚名《浴婴仕女图》（局部，现藏于美国弗利尔美术馆）

夜深人静，安抚完孩子的母亲默默地回到纺车前。她点亮一盏如豆孤灯，伴一抹寂寥的背影，心想，今日不知又将何时睡去……

"慈母手中线，游子身上衣。"古代母亲的一天从忙碌的清晨开始，又在深夜归于寂静。她们虽不是画面的主角，却让我们窥视到一个庞大群体。她们虽是某人的妻子、某人的母亲，却至死无人知道她们的爱恨情仇、辛酸往事。浩荡的历史，只留下了男子征战沙场的恢宏诗篇，却鲜有字句记录她们平凡的苦涩，以及那无声的伟大。

中国历朝历代女性的地位多次起浮沉落，但无疑的是，她们始终在用自己的坚韧书写着一生。没有她们的哺育，就没有生生不息的后代。当我们看见她们，我们应记住的不仅是那娇柔女子易逝的花容，更是一位母亲、一位妻子在平淡的日常背后，为家庭和社会坚守的灵魂和无悔的奉献。

第三章 那一天

江南"小姐姐"们的一天

⊙ 薇薇安

在古代封建社会，人们认为："女子无才便是德。"在我们的印象中，古代女子多囿于闺阁之内，醉心于女红之事。然而，明清时期涌现出一批与众不同的女子，她们不甘于拘泥在一方小小的天地中：她们像男人一样出游，在明媚的阳光下饮酒作诗、观戏听曲、泛舟赏灯、结伴游园。

她们不仅年轻貌美，更是才高卓绝。在明清时期崇尚才貌双全的风气之下，丹青绘事和女性之间的联系变得空前紧密，仕女画以一种独立的画种出现，不再仅仅作为男性藏家赏玩的附庸。

闺秀才媛们在画中大显身手，美好的春光映照出她们年轻的容颜。在一个以男性为主导的社会中，这些独立、优雅的女性逐渐走向成熟。

寅时晨起

[清]吴榖祥《临汤乐民仕女图》（现藏于苏州博物馆）

天光微亮，门前的梧桐抖落了一夜的春寒料峭。在它的旁边，一名小女子正眯着惺忪的睡眼，款款移步于窗前。她素手将珠帘卷起，江南的一天就这样从一抹淡烟色晨雾中开始。

第三章 那一天

卯时梳妆

只见她唤一声丫鬟,便慵懒地坐于铜镜前,一袭红蓝相间的长锦曳地而落。

[清]胡锡珪《梳妆仕女图》(现藏于苏州博物馆)

细看妆容间,佳人眉头微蹙,自言自语道:"买了这么多化妆品,该用哪个好?"

丫鬟见状忙上前献计:"小姐,我听说最近江南贵妇圈流行咬唇妆,即将胭脂往唇间一点,便如樱桃般娇艳欲滴,再配上这支步摇,可不要羡煞旁人呦!"

［清］尤诏、汪恭《随园女弟子湖楼请业图》（局部，现藏于上海博物馆）

听罢，小姐心生一丝窃喜，迫不及待地搽起胭脂来。

［清］任熊《孙道绚词意图》（局部，现藏于北京故宫博物院）

第三章 那一天

今日妆容：

柳叶眉

明清流行的眉形之一。该眉形眉身弯曲、修长，符合江南女子的秀美。

绛朱唇

明清流行的唇妆。上唇通常用胭脂涂满，下唇则仅仅点染中部，远看恰似一颗樱桃。

随云髻

一种头发的梳编法，即将头发分成几股，拧麻花似的盘曲扭转，盘结于头顶和两侧。这种发式灵活旋动，颇受当时女子喜爱。

今日穿搭：

小流苏七尾金凤钗

钗的凤翅采用了镂空雕法，凤头镶有一颗珍珠，引出流苏，整支金钗富贵大气，又不显沉重。

珍珠点翠耳坠

清朝流行点翠首饰，精致优雅，既有小女人的妩媚，又不会过于张扬。

月白交领背心搭配淡蓝色圆领长衫和奶奶灰小披风

明清民风相对保守，素雅、清淡的穿搭更显江南女子的柔美。

巳时游园

妆毕，一颗蠢蠢欲动的心早已按捺不住。只见她，折细腰以销魂步，穿过杨柳低垂的回廊。此时，风吹起裙褶，仿佛碧波之上开出的一朵白莲。

〔清〕费以耕《侍女》册（局部，现藏于上海市历史博物馆）

趁着时辰尚早，荷叶上的露珠尚未全部褪去，小姐寄一叶扁舟，潜入花丛深处，独享这一天中最静谧的时光。

一回首她望见岸边的花落了，顿感人生无常。何不将它们一起掩埋，也算美事一桩？

第三章 那一天

［清］费以耕《侍女》册（局部）

清晨的时光在忙碌之中匆匆逝去，小姐上岸后倚靠在河畔的青石旁，静静地聆听林间的鸟鸣，品味花影的禅意，享受这岁月静好。

［清］费以耕《侍女》册（局部）

午时邀客

午时,小姐匆忙起身回家,命丫头们拿出上好的糕点,招待即将到来的贵宾。

一切准备就绪,就这样静静地等待着……

但,并无人到来。

网红套餐(主要取自清代袁枚《随园食单》):

竹叶粽

取竹叶裹白糯米煮之。尖小如初生菱角。

萧美人点心

仪真南门外,萧美人善制点心,凡馒头、糕、饺之类,小巧可爱,洁白如雪。

陶方伯十景点心

陶方伯夫人手制点心十种,皆山东飞面所为。奇形诡状,五色纷披。食之皆甘,令人应接不暇。

洞庭碧螺春

明清时流行饮茶,一壶馥郁的江南绿茶,再佐以小食,酱干生瓜子、酥烧饼、水晶糕、糖油馒首等,色香味俱全。

第三章　那一天

未时尽欢

午后，在一片幽篁中，大家欢聚一堂，下棋、弹琴、作诗、画画、垂钓、浣衣。

抑或找一个隐秘角落，互诉女儿家心事，回忆童稚时一起玩闹的欢乐，分享如今生活中的悲哀。古代女子们的情谊就像那被拨撩的琴弦散发的余音，温柔而绵长地回响在悠悠的岁月之中。

〔清〕尤诏、汪恭《随园女弟子湖楼请业图》（局部）

[清]尤诏、汪恭《随园女弟子湖楼请业图》（局部）

酉时独归

繁华落尽，喧嚣渐渐远去。送别了客人，喝过的茶盏渐凉，一切突然陷入寂静……又是一个寂寥的黄昏，伊人独坐于闺中，无心他顾。

想起丈夫已离家一年，为他缝制的衣服也早已落满灰尘。

与他走过的那条小径，更是青苔横生。

南飞的大雁，勾起心中无限怅惘。与此同时，远方的山河，又衔来一轮圆月。

第三章 那一天

［清］顾洛《临仇英写古人词意册》（局部，现藏于苏州博物馆）

［清］费以耕《侍女》册（局部）

［清］释真然《浣纱图轴》（局部，现藏于苏州博物馆）

［清］费以耕《侍女》册（局部）

第三章　那一天

亥时入夜

　　窗外梧桐树漏下的月影，斑斑驳驳地铺洒在床帏处。凉意渐浓，小姐却辗转难眠。她索性起身，想去园中一览，便命丫鬟点一盏烛火，谁料于朦胧之中又倚栏睡去。

［清］顾洛《临仇英写古人词意册》（局部）

　　小径上传来犬吠声。沉寂的夜里，怎会听闻犬声？定是有人风尘仆仆归来！

子时待归

[清]费以耕《侍女》册（局部）

于是，小姐的精神陡然间抖擞，变得容光焕发。她披上刚刚买的红色斗篷，迈着愉悦的小碎步，迎接良人归来。

江南女子的一天，伴随着子时叩响的钟声落下帷幕。而世界上最好的事，莫过于所有的想念都有回应。

第三章　那一天

唐代官员除夕值班的一天

⊙ 高瑞梓

今天是贞元三年（787）腊月三十。

一大早，天还没亮，贺怀贞就骑马赶到位于皇城安上门街西的尚书省，接替同僚做好今年最后一天的值班工作。

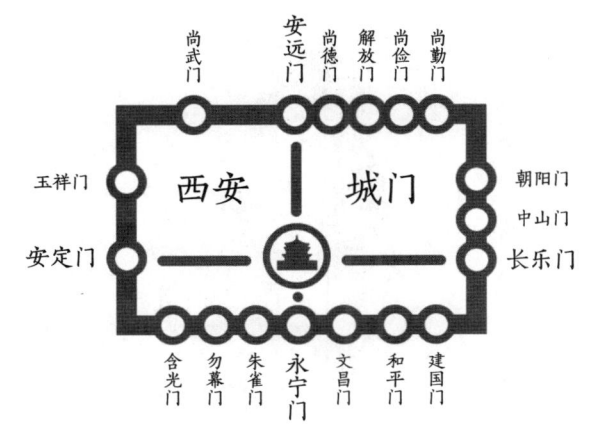

西安城墙各城门平面示意图（其中永宁门即唐安上门旧址）

贺怀贞是尚书省的都事，是个从七品官，日常负责收发各部的文书、监察公文缺漏和管理印章等工作。按例，尚书省每日视事完毕后，都须留一人值班。除了尚书左右丞和一些官务繁忙的官员，尚书省内每个人都务必要参与值班。

开元年间，有一次一把年纪的老臣姚崇没有值班，被人发现后强令其回来，姚崇"不得已"在值日工作簿上写道："告直令史，遣去又来。必欲取人，有同司命。"意思就是对直令史说，我都一把年纪了，还把我叫回来，和催命有什么区别？！

姚崇像（引自弘治重刻本《历代古人像赞》）

不过，早在贞观五年（631）太宗皇帝就曾下敕，若是文武官员的妻子正在娩月，便可免去他们一个月的值班任务。想到

第三章　那一天

这里,贺怀贞的嘴角露出了笑容。五年前,他已经有了一双儿女,早已享受过这项优待。

贺怀贞来到尚书省的直厅(值班室),接过了同僚递交的尚书省六部二十四司的印章匣子。清点无误后,两人又寒暄了几句,作揖道别。送走同僚,贺怀贞立刻关上了直厅的门,因为当时天还没全亮,外边很冷。今年刚好轮到贺怀贞于除夕值班。但圣上开恩,允许晚上家人到直厅来一起守岁,所以今夜并不会像他平时值班那样冷清。

但是,那些过年还必须全程值班的地方州府长官就比较难熬了。玄宗朝时,韦应物辗转在滁州、江州、苏州等地担任刺史,每个新春时节都无法与家人团聚。在《元日寄诸弟兼呈崔都水》一诗中,他悲愤地写道:

　　一从守兹郡,两鬓生素发。
　　新正加我年,故岁去超忽。
　　淮滨益时候,了似仲秋月。
　　川谷风景温,城池草木发。
　　高斋属多暇,惆怅临芳物。
　　日月昧还期,念君何时歇。

苏州沧浪亭五百名贤祠内韦应物石刻画像

贺怀贞发了一会呆，先是看了看交上来的公文和交班同僚写好的值班记录，又和官府的杂役聊了几句，然后就没什么可干的了。值班总是乏味的，但也不能赌博、睡觉和沉迷玩乐，要是被御史发现，少不了一顿弹劾。五十多年后，大理寺的张尧年就因为带着自己的侍婢来值班而被判强制关押并进行一年

第三章　那一天

义务劳动。当然了，官员们也不能擅自离岗，私归宅邸。根据唐代律法，一旦擅离职守，不仅肉体受苦，还要罚一月甚至一季的俸禄，然后录名闻奏。

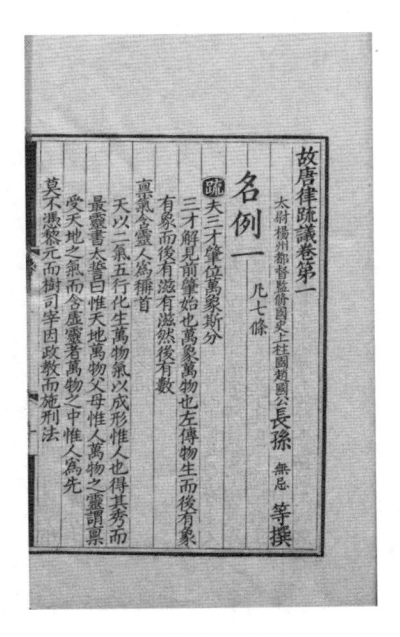

《故唐律疏议》书影（清嘉庆版）

贺怀贞深知值班制度之严，因此靠读书和写字打发时光。杜甫当年值夜班时写过一首《春宿左省》，因为无事可干，他只能听着檐角铃铎的碰撞声发呆，甚至觉得自己听到了宫门开动的锁钥声。

> 花隐掖垣暮，啾啾栖鸟过。
> 星临万户动，月傍九霄多。
> 不寝听金钥，因风想玉珂。
> 明朝有封事，数问夜如何。

然而，寂寞归寂寞，最重要的还是要保证除夕夜的长安城秩序井然。值班者不仅要处理平时遗留的公文，应对六部二十四司的临时事务，还要解决一些突发情况。如有一年，御史台的佛舍起火，当时值班的御史李应就因为没有及时发现火情，而被罚了一季的俸禄。

根据规定，尚书省的公厨不开火，到了中午，贺怀贞只能吃自带的胡饼充作便饭。不过，好友中书舍人梁琼知他没带什么食物，便派杂役送来了长安宣慈寺有名的软枣糕和一壶上好的郎官清。梁琼今天也值班，他可比贺怀贞忙多了。中书舍人要负责起草诏敕，还要随时待命，以防皇帝召见。

贺怀贞喝着酒，翻了几页公文，将错漏之处和没有盖章的地方处理了，然后突然停下，因为他听到了远远传来的阵阵鼓声和歌声。

此时已是午后。大明宫内，太常卿和太卜署、鼓吹署的官员们正在进行除夕大傩礼的表演。这是一种驱除疫鬼的大型礼仪舞蹈，表演人员共分六队，一人或四人扮演戴着假面、身穿

第三章 那一天

熊皮的方相氏，两人扮演巫师。其实早在十天前，太常寺的诸位同僚就已经在寺内排演过多遍。

与此同时，皇城的每个城门处都早已预备好了雄鸡和酒，只待引傩队伍的到来。人们可以看到，寺伯从长乐门、永安门引傩而入，街边有一群身穿红衣素襦的侲子们唱着驱疫的歌曲。队伍经过后，人们纷纷杀鸡浇酒供奉起祖先，以期待来年能有个好光景。

除夕日的大傩礼一直会持续到晚上。到那时，队伍将集中在寝殿前表演，皇上、太子和妃嫔将一起观看。现场会燃起蜡炬，大明宫内一片灯火通明。大傩礼结束后，还会有五方狮子舞等乐舞表演。

［唐］佚名《唐人宫乐图》（现藏于台北故宫博物院）

可惜这精彩的表演,值班的贺怀贞是看不到了。他只听见欢腾的乐声先是由远及近,又渐渐远去。

"阿郎!"伴随这声呼喊,两辆牛车映入眼帘。只见家中的老仆千年和崇礼先后跳下车,接着是第一辆牛车上婢子呼云搀扶着贺怀贞的娘子春月和未出嫁的妹妹璎珞奴从车上下来。然后,春月又从车里抱出贺怀贞的一双儿女。而另一辆牛车里是贺怀贞的父母。家人们从崇义坊的家中赶来直厅,与他一起守岁。两个孩子让冷清的官衙一下子变得有了生气。

大儿子阙儿拿出两块桃符板,缠着贺怀贞教自己写字,贺怀贞握住他的手,将笔蘸饱了墨,在桃符上写下"三阳始布,四序初开"和"福庆初新,寿禄延长"。然后又抱起阙儿,将两副桃符挂到直厅的门旁。

女儿盈儿不高兴阿耶偏袒哥哥,也要阿耶教自己写字。贺怀贞只得又抱起盈儿,带她在直厅的木门上写下一个"罇"字。

"阿耶,为什么除夕日要在门上写'罇'字?"盈儿问。

"因为传说人死了为鬼,鬼死后就变成罇。既然人怕鬼,鬼当然也会怕罇。所以写了这个字以后,所有的鬼怪都不会再来吓你了,我们就能顺利地过个好年。"

盈儿听了咯咯笑着,然后一把夺过笔,在贺怀贞的"罇"字旁边也歪歪扭扭地写了一个。还没写完,她的注意力就被风一样跑过的璎珞奴吸引过去了。

贺怀贞见到自己这疯跑的妹妹,连连叹气:"粗鄙小儿!

第三章　那一天

没两年就要嫁人了,也不知收敛些。"璎珞奴红了脸,朝哥哥叉手站好,口中道:"阿兄教训的是。不过方才在庭院里挂小幡时,我见一只小麻雀停在树枝上,所以才一路小跑追过去。"

盈儿听了,嚷道:"阿姑带盈儿挂小幡!"璎珞奴抱起她,说:"好,阿姑这就带你挂幡子去。"

贺怀贞在崇义坊的家,屋外早就立起了悬挂幡子的竹竿。那是一种长条的小旗,迎风飞舞,为人们祈求长命多福。这种幡子还有微缩版,就是庭院的树枝花茎上挂的青色丝帛小幡。女孩子们也会在簪子上系剪纸春幡,有时会用小而轻薄的玉片来代替,这种饰物从立春就开始流行,人们叫它"春胜"。

盈儿很眼红阿姑头上的春胜,那是一块青翠欲滴的小玉片,中间刻有"千秋万岁"四个字。

就这样,挂桃符、写"䰱"字、挂春幡,一番嬉闹后,夜幕已至。

直厅的杂役、家奴千年和崇礼等人在直厅外的庭院里点上半人多高的灯烛,直厅内也燃起篝火。这是为今晚守岁准备的。

贺怀贞望向远方墨蓝的天空,最底下却有一层亮如白昼的火光,便知道长安城的家家户户都生起了庭燎。

团圆饭开饭在即,各色人等按长幼尊卑次序坐好。与此同时,千年和崇礼把做好的年夜饭拿出来,有蒸羊腿、鹿脯、酥酪酿鱼、芥末秋葵、羊肉馎饦、古楼子蒸胡饼、酥乳糖粥等,还有一大壶温酒,配椒盘和孩子最爱吃的胶牙饧。

西安市长安区南里王村唐墓壁画《唐人饮宴图》
（现藏于陕西历史博物馆）

众人大快朵颐，食毕后开始巡酒。因有长辈和孩子在场，贺怀贞不能像与同僚们在酒席上那样行激烈的骰令或抛打令，所以便改行简单又有趣的拆字令。

"白玉石，碧波亭上迎仙客。"这里的白玉石就是"碧"的拆字，贺怀贞先行举令。接令的是娘子春月，她想了半天，没想出来，只得自罚一大杯。

酒过一巡，璎珞奴便带着阙儿和盈儿去庭院里点爆竿玩儿。只见她将硝石放入竹筒内点燃，竹筒立刻发出噼噼啪啪的爆裂声，璎珞奴相信这可怕的声音能吓走伤人性命的鬼怪山臊。庭

第三章　那一天

院里落了一地的爆竿灰，负责打扫的杂役看了哭笑不得。

等孩子们回来后，贺怀贞和春月又带着他们用烛火照亮了直厅床下、柜脚等阴暗处，这是照虚耗的习俗。据说虚耗鬼藏在难以发现的逼仄幽闭之所，专偷家中的物品和粮食，所以在除夕这一天要用灯照亮家中的阴暗角落，赶走虚耗鬼。

夜已深，贺怀贞的母亲给大家讲起前几日在寺院听来的佛经变文故事，大家听得聚精会神。贺怀贞知道，梁琼和其他值班的官员一定也正在直厅与家人团聚，在烛光中共迎新年。

这时，忽然有人敲门。贺怀贞迎出去一看，原来是有人送来圣上赐下的椒柏酒，慰劳所有此刻正在为大唐值班的官员。贺怀贞和家人喝着酒，一股暖意涌上心头。在直厅里，没有聒噪的歌舞和奢侈的游乐，只有与家人团聚的温暖。

子时已过，新的一年已经来临，外面响起了此起彼伏的爆竿声。贺怀贞的两个孩子和妹妹首先向贺怀贞的父母行礼。在唐代，女子行的是肃拜礼，因为女子头上钗环繁复，行礼时无须像男子那样双膝跪地，只须手拢于胸前，微屈膝就可以了。

随后，贺怀贞和娘子春月一同向父母大人行礼："伏惟大人尊体康健，福寿延绵。"

"寒随一夜去，春逐五更来。"盈儿和阙儿分别在春月和璎珞奴的怀中睡去，贺怀贞则陪着母亲到尚书省的佛舍中点灯祈福。他们一起求佛祖保佑一家人来年平平安安，不求怀贞能高升，只要一家人永远在一起就别无所求了。接着贺怀贞搀扶母亲走过庭院,听到大明宫传来的遥远的乐声,年迈母亲脸上的皱纹在烛火的映衬下更加深刻清晰。

贞元四年(788)来了。春去春来春复春,可是人不能百年长存。贺怀贞有些伤感,在时间面前,所有人都太渺小,总有一天他自己连同许下的那些心愿也会化为乌有。这道理谁都懂,但谁又会停止追求幸福的脚步呢?

人人都期望小家团圆,大唐平安。无论时光如何流逝,不变的始终是一颗真心和美好的祈愿。

一千年前如此,一千年后亦当如此。

第三章 那一天

西汉边疆基层干部的一天

⊙ 黑逗

西汉元帝时期,一个普通的日子里。

汉帝国西部边疆的肩水金关管理所内,一名基层干部正在为自己名下的财产列清单,以方便税官按单收税。

姓名:礼忠

年龄:30 岁

职务:候长

住址:广昌里

私有财产情况及价值:

小奴 2 人,价值 3 万钱

大婢 1 人,价值 2 万钱

轺车 2 辆,共 1 万钱

马 5 匹,共 2 万钱

牛车 2 辆(各配 1 头拉车牛),共 3 万钱

耕地 5 顷,共 5 万钱

共计:16 万钱

备注：有住宅1套

写着写着，礼忠就开始在内心释放情绪：当初来应聘候长的工作，真是脑子进水！烽燧根本不是什么高级组织，这不就是"烽火戏诸侯"的烽火台吗！候长也不是什么大官，上任了才发现，手底下就管三四个烽燧！候长能使唤的人不多——也就三四个燧长，但是操心的事可不少。礼忠又盘算起来，自己上任这么久了，常规的工作大抵不出如下几项：

一、每天巡视一次自己管理的烽燧；

二、几个烽燧里的武器，要登记造册，如果丢失就是候长的责任；

三、管理并发放给戍卒的补助；

四、下属烽燧里的戍卒，如果抽调去上级部门服役，要负责把他送到服役地点；

五、随时关心戍卒的身体健康，如果有生病的，要及时上报。

烽火台也没啥油水可捞，候长的月工资也不多，在粮店里赊粮、布店里赊布的，全都是候长和燧长。另外，候长还要自备工作服、冠以及上下班的交通工具——至少得一匹马。这些东西都要自己出钱买。

第三章　那一天

幸亏老爹英明，留给了礼忠五顷田地。否则，就靠候长一个月的工资和仅够一人一马食用的粮食补助，怎么喂饱全家五口人和三个奴婢，外加养马、养牛、养车？

有了田地，生活就好了很多。虽然家里人手不够，但可以把田地租给别人。这样便可每年收个四五百石粮租，还是可以保证温饱的。这样一来，口粮有了，也可以买饲料了。要是碰上年景好，还会有些盈余。今年气候比较正常，估计也会是个好年。租子收上来之后，至少可以买点儿⋯⋯

此时，旁边"工位"上同为候长的老王探头过来问："老礼，你的财产清单填完了吗？不是要一起去开会吗？"

礼忠忙把木简卷好，说："填完了，填完了，现在就走。"

两人出了办公室，匆匆赶往开会地点。

外面的天气很好。瓦蓝的天空映衬着黄色的夯土墙，色彩对比非常强烈。夯土墙上，一座一座的烽燧绵延至远方。这些烽燧苍凉、雄浑而开阔。这里就是汉朝初年在居延塞防线上设置的唯一关口——肩水金关。

这个关口位于弱水流域。我们可以把弱水想象成一个"倒立着的人"：在肩水金关的上游，弱水的水面还很宽阔，像人的身体；肩水金关下游，水面就变窄了，像人的脖子。这样一看，肩水金关的位置，正好在弱水的"肩膀"上，因此得名"肩水"。

至于"金关"，当然是固若金汤的意思。四个字连起来，就是"肩水金关"，多么好听的名字啊。

在关隘的城墙上，礼忠眯起眼远眺，刚好看见几个高鼻深目的人正骑着马向肩水金关方向而来。守卫的戍卒忙把他们拦下，"请"进了登记室，登记过关人员的姓名、籍贯、长相、入关事由等，确认不是奸细逃犯后才放行。

建肩水金关的目的，就是防备匈奴从居延道南下袭击汉地。虽然来叩关的也有可能是愿意归附汉朝的非汉民族，比如就有些归义的羌人，但对于过关的异域人等，他们都会严密防守、严格盘查，拒敌于国门之外。

而国内的一些朝廷通缉犯，也经常选择从肩水金关出逃，所以也不能对想要出关的国人掉以轻心。有时，肩水金关会接到署有"丞相御史书"的公文——其实就是通缉令，上面记录了一些通缉犯的体貌特征，要求各级官吏严加盘查，一旦发现通缉犯踪迹，要立刻上报。

老王似乎觉察到了礼忠的情绪，说："这段时间还太平，没见有多少匈奴人过关。要是几年前，匈奴隔三岔五就会过来骚扰。"礼忠附和道："是啊，还是陛下治理有方，边境才得安宁。"

哪里有方了？礼忠在心里暗骂道，几年前就说要涨工钱，说了好几次也没落实。两人有一搭没一搭地聊着进了会议室。比他们官位高一些的候官已经坐在上面。等到各位候长、燧长都到齐了，候官方才宣布会议开始。

"今天的会，主要是对大家进行一下工作心态方面的教

第三章　那一天

育。其他边关的有些候长、燧长对这个薪酬待遇心里很有怨言，不想着好好工作，就想着加工资，这是要占百姓的便宜。

"这段时间，一些占百姓便宜的事情，在各个要塞屡有发生。比如说某要塞的一个候长，把打猎打回来的肉卖给别人，他卖肉的价格居然比市价高出了四五钱！还有一个候长，让一个农民去替他做生意，居然拖欠人家来往路费、住宿费共上万钱。我们肩水金关虽然没有出现这样的现象，但是各位一定要引以为戒。

"同时，大家不要以为你当个小官儿，就可以为所欲为。前段时间，某县就出了一起诉讼事件。一个普通百姓，告了某军事长官，要求长官支付拖欠已久的工钱。长官一开始还不认账，后来判决下达，百姓果然胜诉了，要回了工钱。所以啊，各位……"

候官絮絮叨叨，说了一个多时辰，会议方才结束。礼忠心里想着：幸亏今天早到了一会儿，提前巡视完了自己负责的几个烽燧，否则又要加班了。

看看天色，快到下班时间了。礼忠决定先回办公室，把上个月的粮食调拨单处理完。每个月，县里都会开仓，拨给肩水金关一些粮食。这些粮食是专供经过肩水金关的外交使节、传递消息的使者吃的，要依照调拨单做出汇报。忙完调拨单的事情，估计也该回家了。老婆孩子热炕头多好，晚上早早睡觉。昨天还做了个特别美的梦呢，梦里自己买了新的大宅子，坐拥千顷良田和大群牛羊,再也不用上班……

　　礼忠不知不觉地加快了脚步,向办公室走去,心想,平平淡淡的一天又要过去了。

第三章 那一天

没有手机，古人们如何与无聊"斗智斗勇"

⊙ 薇薇安

暖暖的春日、炎炎的夏日、瑟瑟的秋日、凛冽的冬日……没有手机的古人们，如何度过漫漫长日？答案自然是——就算没有今天的高科技，古人们也有自己的娱乐方式！

现在，就让我们一起盘点一下古代那些鲜为人知的娱乐活动，看看古人们是如何与无聊"斗智斗勇"的。

推枣磨

"庭院秋声落枣红，拾来旋转戏儿童"，这句乾隆留下的诗，为我们徐徐展开了一幅秋日的图景：静美的秋庭，凉风袭来，落红满地，意趣甚浓。

可这诗中的意象又是"枣"，又是"儿童"的，不免让人心生疑惑：它究竟在说什么？其实，诗中所说的"儿童拾枣转"是一种古代流行的游戏，多见于北方地区，名为"推枣磨"。前些年热播的古装剧《知否知否应是绿肥红瘦》中，明兰就拿着推枣磨到祖母房中，两人在昏暗的烛光下，玩得不亦乐乎。

"推枣磨"，顾名思义，是一种以枣为主要道具的益智类游戏。它的具体操作可以分为以下三步：

一、选取鲜枣三枚，果实以大、饱满为上，至于是红枣、青枣、白枣还是冬枣，各位客官随意。

二、将其中一颗比较大的枣子，削去上半部果肉，露出枣核尖，下边插上三根竹签，置于桌面，作为"磨台"。

三、另取两颗大小相当的枣子，分别串在一根细竹条的两端。然后整个轻放于磨台的枣核尖上。取得平衡后，两人用手指将其推动，如同推磨一般。若施力得当，枣子就会旋转起来。

宋代画家苏汉臣的《秋庭婴戏图》，亦为我们展现了秋日里两孩童玩推枣磨的场景。

［南宋］苏汉臣《秋庭婴戏图》（局部，现藏于台北故宫博物院）

第三章 那一天

上图中，假山石前的一张螺钿黑漆圆凳上，摆放着各式各样的玩具：红色佛塔、人马转轮、八宝纹纸格、玳瑁盘与小陀螺……可我们只见到玩具，人都去哪儿了呢？

原来两个憨态可掬的孩童早已在另一边的圆凳上，津津有味地玩起了推枣磨。只见他俩你一推，我一推，十分投入。

那穿着红衫的儿童，肩上的衣服已滑落了一半，却浑然不知。他伸出小指头，迫不及待地要推枣："看你这小样儿，往哪儿转！"另一个穿着白袍、稍大一点的儿童，则小心翼翼地伸手规劝："嘿，哥们儿，你悠着点儿。"

［南宋］苏汉臣《秋庭婴戏图》（局部）

看着古人们玩推枣磨玩得不亦乐乎，大伙儿真不打算做个推枣磨玩吗？

斗鹌鹑

在古代，可以见到大人们在街头斗鸡，亦可见到孩子们在草地上斗蛐蛐儿。

再不济，你也可以去西班牙看一回斗牛。但是，你听说过有人斗鹌鹑吗？

说起来，鹌鹑是一种体形娇小的鸟类，它的羽毛赤褐色，不善飞。活动的区域多为生长着茂密野草或矮树丛的平原、荒地、溪边及山坡、丘陵一带，有时亦会出现在耕地附近。

［南宋］李嵩《明皇斗鸡图》（现藏于美国纳尔逊－阿特金斯艺术博物馆）

第三章 那一天

古人没事儿就喜欢玩"谐音梗",而鹌鹑完全可在这方面独当一面。当鹌鹑与稻禾相伴,他们认为它代表"安和";当鹌鹑与枸杞相伴,他们又觉得它具有"祈安"的含义。鹌鹑喜欢啄食毁坏农作物的蝼蛄,他们就将鹌鹑奉为"除灾厄、防小人"的吉祥物。既然鹌鹑这么可爱,那为什么要斗鹌鹑呢?

[明]佚名《朱瞻基斗鹌鹑图》(现藏于北京故宫博物院)

鹌鹑可爱不可爱,皇帝可不管。据说在一个无所事事的午后,明宣宗朱瞻基玩腻了斗鸡、斗蛐蛐儿这些小把戏,正两眼望天,愁思满怀地想:"还能玩些什么呢?"

正在这时,机智的"侍卫三人组"出现了。他们手捧着鸟笼,七嘴八舌地为皇帝献计："皇上，您要不要试试最近流行的斗鹌鹑？"

"别动。"一位脾气暴躁的侍卫拍了一下手中乱动的鹌鹑。不安分的鹌鹑受到了一次袭击，还未开始游戏，血量就减少了一百点。

"哦？有鹌鹑玩，快拿上来给朕瞧瞧。"朱瞻基两眼放光。

话音未落，侍卫们就屁颠屁颠地摆好斗圈，并将两只鹌鹑放入其中，只等待皇帝发号施令。游戏开始，朱瞻基居中端坐，宦官、侍从、童仆侍奉左右。一只鹌鹑倒下了，还有另一只鹌鹑继续上场战斗。毕竟人家朱瞻基缺的不是钱，是快乐。

一幅明朝图卷，让我们窥见了古代宫廷稀有的娱乐场景。

斗牛

早在我国秦汉时期，就有斗牛的竞技表演。追本溯源，斗牛实际上起源于古代的祭祀活动。东汉应劭《风俗通义》中记载：战国末年，岷江有位形似大牛的江神，每年要向民间索取童女二人，若不给，就使江水泛滥，生灵涂炭。秦国太守李冰见此情况，怒斥江神罪行，并将之斩杀。从此，换得一方太平，百姓安居乐业。后来，为了纪念这位英勇屠"牛"的英雄，人们每年都要举行斗牛大典。

第三章 那一天

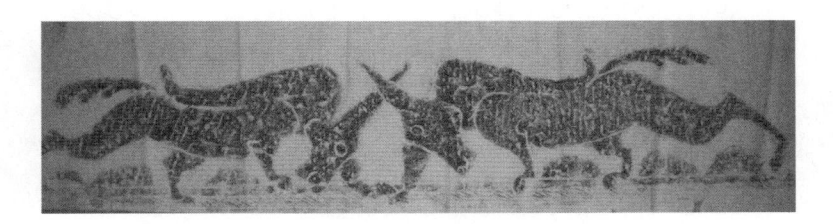

汉代画像石《斗牛图》

[唐]戴嵩《斗牛图》（现藏于台北故宫博物院）

每逢屠牛大典，我们都可以看到竞技场上赤手空拳的斗牛士和壮如泰山的公牛被置于一处，进行公开搏斗。

起初，斗牛士弓步伸掌，与公牛小心周旋。在一步步地挑衅和威胁下，公牛渐渐变得怒不可遏。正当公牛一跃而起，准备进攻之时，斗牛士一个仙人起跳，瞬间移到了公牛另一侧。趁公牛四处追寻之时，一把擒住牛角。

经过一番力与勇的较量，公牛被斗牛士彻底制服，栽倒在地，只剩小尾巴还在挣扎。

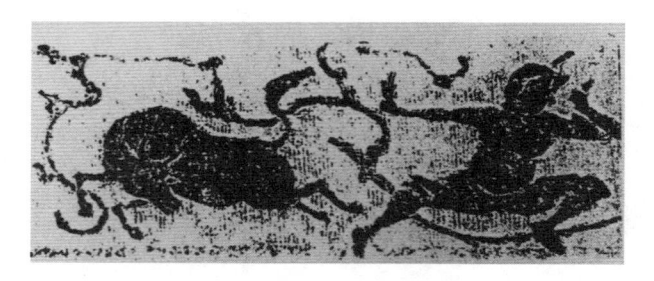

河南南阳出土的汉画像石《斗牛》

场下观众欢呼雀跃，掌声如雷四起。如此庞然大物匍匐于人类脚下，这真是一场令人愉悦的斗牛比赛。然而，也有许多的斗牛比赛，以惨烈的结局告终。再训练有素的斗牛士，也有失手的时候，一不小心，便命丧公牛无情的铁蹄之下。

赛脚会

"赛脚会"，光听名字就觉得有些恶趣味。但是在清代，

第三章　那一天

人们不仅会定期举行赛脚大赛,还一度场面失控。

清代小说《扬州梦》描述:"那蔚州我也到过。俗有一个赛脚会,每逢天贶节,不论乡绅大族家里,如有年轻妇女,个个装束斩(崭)齐,端端整整,坐在门前石凳上。原来各家门口都有大石两块,异常干净。如其有人爱她小脚,尽可以伸手抚摸道:'这双脚儿真小。'家人以为光荣无比,相传这一抚摸,就能够祓除不祥。"

［五代］顾闳中《韩熙载夜宴图》(局部,现藏于北京故宫博物院)

在山西太原、甘肃兰州、河北邯郸等缠足之风盛行的地区,一到赛脚节,妇女们便浓妆艳抹,或是一字排开晾脚于街市两旁,或是卧在车内将脚悬出帘外,供人观赏品评,有时亦可触摸。男子们则"徜徉街头，相与评足以为乐，某也瘦，某也尖，一字之褒，荣于华衮"[1]。

在女性社会地位低下的封建社会，女子们以"缠足为荣"，并将"足小"等同于一种高贵的身份象征。当时，缠足标准为小、尖、瘦、软、正。为了在赛脚会上一展风采，女子们不堪病痛折磨，夜以继日地缠足，以致骨骼变形，皮肉流脓。

［宋］佚名《宫沼纳凉图》（现藏于台北故宫博物院）

1　参见邹英《莳菲续谈》。——编者注

第三章 那一天

封建社会的陋俗在价值观扭曲的"比赛"中被进一步深化,可谓恶性循环。

关扑

还记得小时候街边的抽奖转盘、彩票刮刮乐等游戏吗？不知道"骗"去了我们口袋中多少零花钱。这就是人们总想花最少的钱,得到最多东西的侥幸心理导致的,而且从古至今都一样。正因此,古人们便发明了一种古老的赌博方式——关扑。

所谓关扑,即双方事先对所扑物品约定好低于商品售价的价钱,以钱赌物。赢,买家可取走所扑物品；输,则卖家留下钱,不予退还。

据《梦粱录》和《西湖老人繁胜录》记载,关扑的小商品可以分为以下几个种类：

小吃类,如糖蜜糕、蜂糖饼、灌藕、炸藕、时新果子、像生花果、红边糍、猪胰胡饼、鱼鲜、猪羊蹄肉等。

小玩意,如细画绢扇、细色纸扇、新窑青器、螺钿玩物、打马象棋、杂彩球、琉璃泡灯、四时玩具等。

各种服饰,如销金裙、缎背心、缎小儿、销金帽儿、逍遥巾、狼头帽、小头巾、抹头子、花环钗朵、篦儿头、销金帽儿等。

各式家具,如螺钿交椅、时样漆器、细柳箱、诸般藤作、螺钿投鼓、螺钿鼓架等。

最常见的一种关扑方式是"转盘摇奖"。商家提供圆形轮盘，上面用扇形划分好出售物品的分区。关扑时，顾客射箭，商家转动轮盘。宋代最厉害的商人，可以"运轮如飞"，顾客"随意施箭"。如果顾客射中，便可领取圆盘上的相应物品。

[南宋] 苏汉臣《秋庭戏婴图》（局部）

《秋庭戏婴图》中的圆凳上，就有一个供儿童玩耍的"人马转轮"，它类似于市场上用于关扑的转盘。它由一个支架、一张转盘和一根人马造型的指针构成。拨动转盘便能转动，当它停下来时，上面的人马指针就会指向不同的图案。

宋时东京，夜夜笙歌，吃酒的吃酒，赌博的赌博。到什么程度呢？《东京梦华录》曰："有以一笏扑三十笏者。以至车马、地宅、歌姬、舞女，皆约以价而扑之。"这种风气，一直到明

第三章　那一天

朝朱元璋以严刑禁止民间关扑告终。

在没有网络、没有现代科技的年代里,古人们的生活并没有我们想象中的那么无所事事。相反,他们拥有更多人与人之间交流与互动的机会。就像小时候的我们,虽然没有手机,却依旧可以快乐地度过每一天。

或许,当我们今天回看古人们并没有那么先进的娱乐生活时,我们所怀有的心情正是对童年,或者对更早时代的追忆。

［明］仇英《清明上河图手卷》（局部,现藏于北京故宫博物院）

拿年终奖的那一天

⊙ 萧冰

每到年底,很多人惴惴不安。理由可能很多,但关于年终奖,肯定是上班族最热衷的话题了。那你是否知道,年终奖早在汉朝就有了?

汉朝:最为优渥

提到年终奖,最初是和年底的腊祭挂钩的。

先秦时期的君王在敬天法祖后,经常会把一些牺牲祭品之类的送给重臣们享用。关于这方面的记载,我们在先秦的诸多文献中可以轻易地发现。不过,真正意义上的年终奖励制度,直到东汉才确定下来。

彼时,皇帝给官员发放年终奖金已有了定例,称为"腊赐"。顾名思义,就是在腊月赏赐钱物,以备过年之需。依照官员等级的不同,腊赐的数量也不一。杨侃《两汉博闻》有细致记载,汉和帝时候,尚书何敞上书反对外戚之奢侈,有注:

腊赐大将军、三公钱各二十万,牛肉二百斤,粳米二百斛;特进、侯十五万,卿十万,校尉五万,尚

第三章 那一天

> 书三万，侍中、将、大夫各二万，千石、六百石（官名）各六千，虎贲、羽林郎二人共三千，以为祀门户直。

这些赏赐究竟在当时是什么水平呢？

据研究，汉代一枚五铢钱的购买力相当于现在四角人民币。如果连同牛肉、粳米加一起，那么大将军、三公获得的年终奖金差不多高达十万元，最少的虎贲、羽林郎两位也要过万元。

对照一下当时官员们的工资，像大将军、三公之类的高级官员，月薪约一万七千五百钱，合人民币七千元，一年下来八万四千元。他们的年终奖金超过了全年工资，福利之优厚令人羡慕。

对此，东汉大臣何敞曾大声疾呼："但闻腊赐，自郎官以上，公卿王侯以下，至于空竭帑藏，损耗国资。"意思是，再这么下去，国库都要被这些外戚用年终奖的方式而搬空了。

高额的腊赐，既是对官员过去一年辛苦办公的嘉奖，也勉励百官来年"撸起袖子加油干"。真要佩服汉代的皇帝们，毕竟钱、肉、米都是出自国库，倘若没有十足的魄力和财力，谁也舍不得这么大方地发放。

清代的徐昂发，在比较了历朝历代的年终奖金数额后，不禁感叹说："汉世优恤臣下，可谓厚矣。"[1]

---

[1] 参见《畏垒笔记》卷二。——编者注

在造纸术还没普及的秦汉魏晋各朝，书写、传递公文主要是用竹简来完成的。为了防止竹简丢失或有人篡改，各部门在发文时通常会在外边套上布袋，然后加盖封印，进行加密。

其中一些单位，如负责收集百官审查文件的御史台，一年下来能收到大量布袋。如果将这些废旧布袋堆在办公室，既占地方，又无法再循环使用。官员们便在年底拿出去卖掉，卖布所得随即分给内部同僚，算是年终分成，金额也很是可观。

大唐：36%的年化理财

首先我要告诉你们一点：由于盛唐时期商品经济发达，朝廷允许各衙门向民间放高利贷！

唐初，京司置公廨本钱，中央一般会直接拨款给各司，由各司全权处理"官本钱"的管理与经营。在京各司，包括三省、六部、九寺、五监等在内，无论其职权是否与财政事务相关，总有数名判官主掌该司之出纳事宜，而官本钱就由最与财务相关的判司主导本利的出放与收取。

放贷的本钱，既有朝廷拨发的公用款，也有官员们自行凑起来的集资款。按照当时的利率，月息能够达到3%，折合年化可达到36%——放在今天是不可能的。那时候，还没人监管。官府贷款一旦放出，稳赚不赔。全年下来，很多衙门都有了自己的小金库，拿出其中一小部分利润入中央财政，大部分则用

第三章　那一天

于地方来打点上司，再剩下的就成了本部门各官员的年终奖金。

唐军也不闲着，中后期亦置"官本钱"。如元和十一年（816）八月敕，"京城百司诸军诸使及诸道并召人捉本钱"；元和十四年（819）十月，御史中丞萧俛奏请放免"诸司诸使诸军利钱"，以免南北诸司事体有异。

当然，这里"闷声发大财"的诸军非如前期的边防军，而是掌握于宦官之手的北衙诸军。

唐代后期，虽然重整财政制度，而京百司与诸军诸使自营本钱的惯例，仍被承袭了下来。

［五代］顾闳中《韩熙载夜宴图》（局部，现藏于北京故宫博物院）

总之，官本由中央统筹拨给，唐政府无意设置一个最高管理机构管理。也可能因为官本乃补充性财源，营利手段难上官场台面，才任各司自行处分。

京司官本系由各司独立经营，比部只从事财务检查。各司官本的管理者，是该司处理财务的判官，即使利钱供其他单位使用，也采取专司办理、事权集中的原则，以节省人力，提高效率。

至于本钱的实际经营者，则是判官之下的属吏或属司。而地方官本的管理者，也不是州县的勾官，而是如京司那样，由判官负责，亦即主管官本放贷的人是仓曹参军或县尉。

正所谓古今皆生财有道。工资加上福利，自力更生的唐代官员们生活水平其实也还挺高的呢！

富宋："薄薄"的年终奖

与汉代官员薪酬制度大相径庭，一向标榜富裕的大宋，竟然采取平日高、年终低的策略。也就是说，北宋官员的工资相对较高，年终奖金则少得可怜。

以我们熟悉的包拯包青天来说，他任职开封府时的年薪，包含月料、餐钱、茶汤钱、薪炭钱、公使钱（招待费）、添支钱（岗位津贴）等在内，全部算下来约有两万贯，相当于今天人民币六百万元。

反观当时官员的年终奖金，即便是宰相、枢密使级别的国家重臣，每年冬至赵官家也不过发给其各自五只羊、五石面、两石米、几坛酒而已。相比他们平时的工资，真不知低到哪里

第三章　那一天

去了。但官家也相信官员们不会计较，毕竟是年薪制，朝三暮四和朝四暮三没太大区别。

在宋代，翰林学士院负责起草文书谕旨，财权、事权都不怎么突出，所以平时捞油水的机会不多。宋代有个不成文的规定，但凡遇到官员升迁，需要翰林学士院起草任命书，官员就会送些礼物，权当润笔费。一年下来，礼物积少成多，积零成整，成了翰林学士院一项相当可观的收入来源。

［北宋］赵佶《文会图》（现藏于台北故宫博物院）

167

据记载，官员送来的这些谢礼包括丝绸、马匹、铜钱等，动辄几十匹、几千贯，数量着实不少。

那么翰林们又是怎么分配谢礼的呢？一般来说，一年有两次：三伏天发一次，年末时发一次。为了分配平衡，翰林官员们在起草文书时会让大家都参与进来，一个人能够做完的活儿，往往要分成数人去做——张三起草，李四润色，王五誊录，赵六审校。

如此一来，年关岁尾分成时就能保证人人有份。

［南宋］刘松年《十八学士图》（局部，现藏于台北故宫博物院）

第三章 那一天

明朝：京官不好当

到了明朝，年终奖又是怎样的呢？其实，连对大明朝诋毁万般的《明史》，都称明代官俸最薄："自古官俸之薄，未有若此者。"《廿二史札记》卷三二亦有"明官俸最薄"之条。

《大诰》记载，明朝从明太祖时期就极力提倡老百姓举报贪官，"私下巧立名色，害民取财"[1]，老百姓可以写举报信，也可以到首都上访，有机会"连名赴京状奏"。

《廿二史札记》还记载，明太祖在洪武十八年（1385）下诏，"尽逮天下官吏之为民害者"，一般贪官被逮住之后，罚到南京城建城墙，贪污银子达到六十两以上的，"枭首示众，仍剥皮实草"，其他处置措施包括凌迟、枭首、弃市、族诛等。

皇帝管得严，京官待遇差，谁还敢奢望年终奖？

到世宗以后，地方腐败便滋生起来。一位官员周晖曾在万历某年年底访客，看到南京兵马司衙门前聚集了浩浩荡荡一群人，每人手捧一个食盒。周晖好奇不已，忙上前打听，才知都是来给兵马司官员送礼的。这让周晖大感诧异，毕竟当时兵马司只负责南京城的治安消防、看守囚犯等杂事，官员品级也不高，竟然有这么多人前来送礼孝敬。

---

[1] 参见《大诰·民陈有司贤否》。——编者注

［明］佚名《明十八学士图》（现藏于台北故宫博物院）

这从侧面也能反映出，明朝中后期地方官每逢年节也许能收到不少过节费。

清朝：年终奖与腐败

明朝说完了，那清朝的年终奖又是如何的呢？清宫有"冬

第三章 那一天

至赐貂"的惯例。每逢冬至，在南书房、如意馆、升平署等部门上班的人都能得到数张貂皮。

临近年尾，各王公大臣以及部分外廷大臣还能得到皇帝赏赐的"福"字一幅、"岁岁平安"荷包一个、灯盏数对，以及从辽东运来的鹿尾等珍贵物品。"福"字、荷包虽然有点形式主义，但既然是皇帝赏赐，自然意义非凡，百官还是会引以为荣，格外珍惜。

单凭皇帝赏赐，或是同僚自筹，似乎还不能满足官员们在春节消费的需求。长久以来，官场形成了送礼打点的潜规则。春节便成了下级孝敬上级的绝好时机。这种进项虽然不能称为年终奖金，但它也是官员们年终收益的重要来源。

这些打点中，最有名的就是"炭敬"。炭敬，是清朝外官在冬季馈赠京官的银钱，盖因地方官多在冬季时以替京官购置木炭取暖为名而来，由于是春节前后送来，故又称"节敬"。炭敬金额不一，但最低额度是八两，终究不是合法的款项，实际上是属于"三敬"[1]之一的陋规，但积习已久，查不胜查。冯桂芬在《校邠庐抗议》中说："大小京官，莫不仰给于外官之别敬、炭敬、冰敬。"

曾国藩同样也接受炭敬。道光二十一年（1841）正月，曾国藩接受程玉樵送的别敬十二两，罗苏溪送的炭资十两，李石

---

[1] "三敬"即炭敬、冰敬与别敬。——编者注

梧送的炭资十六两，但仍难以为继。同治五年（1866）十二月初六日，当时曾国藩担任两江总督，在给曾国潢的信中说："同乡京官，今冬炭敬犹须照常馈送。"

云南报销案，有御史陈启泰、江西道监察御史洪良品先后弹劾军机大臣受贿。王文韶、李鸿藻承认接受过炭敬。惇亲王奕誴主张严查炭敬、别敬等变相贿赂，翁同龢等反对。最后，慈禧太后对此亦不予追究。

还要补充说说炭敬的名目，既要送到位，还不能落于俗套，所以要送荷包或信封。当然，学问和深意都得体现。如果上写"强仕"二字，今人看了想必会一头雾水，且放心，清代长官知道。《礼记》中曾写道"四十强而仕"，"强仕"当然代表四十两银票；"大衍"取自《周易》之中"大衍之数五十"一句，代表五十两银票；《论语》有句"六十而耳顺"，"耳顺"就是六十两银票；"梅花诗八韵"暗示内有八十两银票；"四十贤人"当然也不是罗列了四十位贤人的名单，而是代指四十两银票……

还有些名目更雅、寓意更好的礼单："百寿图一轴、两轴、三轴"分别指银子一百两、二百两、三百两；"双柏图一座"指银子二百两；"秦关一座"指银子一百二十两，典故出自"函谷关高一百二十丈"；"毛诗一部"指银子三百两，蕴意来自《诗经》有三百零五首诗。

当然也有闹笑话的时候，载涛曾在春节期间收到逊帝溥仪

第三章　那一天

的一信封,上面写着"千佛名经"四个字。这位皇叔不明所以,还请人前来解读有何佛法深意,直到打开才知道,原来竟是一千两银票。

又一年快截止了,请问你的年终奖又有多少呢?

快递极简史

⊙ 张希奥

拆快递，并不是当代剁手党专属的快乐。其实我们的快乐源泉，历史相当悠久。

早在秦朝，中国就已经出现了初代快递公司——驿传，它们的主要业务是传递信息和文书。虽然是初创，但其交接和登记制度已是十分严格。交接时，一定要记录具体时间，如果不幸丢件，也要登记上报。

《行书律》载："隶臣妾老弱及不可诚仁者勿令。"可见驿传的快递员必须是年轻力壮、诚实可靠者。

另外，秦朝驿传还非常注重快件的保密措施。如在传递竹简文书之前，驿传的员工都会将其捆扎妥当，并在结绳处使用封泥，然后盖上相关印玺，防止被人私拆。

经过发展，汉朝时的驿传已形成一套完备的制度。五里设邮，十里设亭，三十里设驿或传。不仅如此，政府还将传递的文书划分为若干个等级，不同等级的文书待遇不同。收发这些文书，都需要登记情况、记录时间、明确责任。如此高级的业务，当然只有尊贵的"驿传会员"才能享受。普通百姓想寄个快递，是不能用驿传的，因为此时的驿传并不接民间业务。民间的快

第三章 那一天

递或通信，大多只能依靠私人捎带。而这种方式就比较随缘了，由于没有快递公司专业，风险很大，很容易遇上没有职业道德的快递小哥。

比如《世说新语·任诞》中有这样一个故事：东晋时，南京有个叫殷羡的人，要到豫章去当太守。临行前，有人托他带一百多封信。结果，出城后，殷羡膨胀了，心想我堂堂太守，凭什么还得"兼职送快递"？不干！于是，他把那一百多封信都扔到了水里，说："沉下去的自己会沉下去，浮上来的自己会浮上来，能不能寄到，都是缘分。让我送快递是不可能的，这辈子都不可能。"

到了唐朝，快递业发展迅速。据《大唐六典》所说，当时全国已有1639家驿站，可分为陆驿、水驿、水陆兼并三种。各驿站不仅设有驿舍，还配有驿马、驿驴、驿船和驿田。可见，唐朝的快递业规模很大。

然而，在唐朝做快递员是非常危险的，很可能分分钟小命不保。如果快递没有按时送达，或者不按照驿道走，便要根据耽误的时间长短或引起的后果大小惩罚快递员。《唐律疏义》记载："诸文书应遣驿而不遣驿，凡不应遣驿而遣驿者，杖一百。"

对于泄密和丢件，也有相应处罚规定。重要文书如若泄密，且泄露的是重要事件，则是直接绞死。

唐朝时，还诞生了生鲜速递。段成式的《酉阳杂俎》记载：

175

"平原郡贡糖蟹,采于河间界。每年生贡,斫冰火照,悬老犬肉,蟹觉老犬肉即浮,因取之。一枚直百金。以毡密束于驿马,驰至于京。"就是说,从山东来的海鲜,为了保证新鲜,捉到以后就直接用毡子密封,然后速运到长安。

然而,唐朝的生鲜速递也是"贵族限定版"的,平民无法享用。如唐代诗人杜牧就专门写诗来批判这种不公平现象:"一骑红尘妃子笑,无人知是荔枝来。"潜台词是:加急快递,运送荔枝。讨好妃子,劳民伤财。

宋朝时出现了急递铺。名字虽然很接地气,但是急递铺并非民企,而是官方组织,且权力还很大。同时,"急递"的马,脖子上都要戴铜铃,相当于急递铺的标志。

马疾驰时,发出叮叮当当的声音,警示路人:我们皇家快递员在送快递呢,让开让开。如果路人不避让,或者来不及避让,一切后果自己承担,皇家快递员并不负责。

急递铺日夜兼程,风雨无阻,白天挂领,晚上举火,马和人都采用轮班制,非常高效。

明清时期,终于出现了平民百姓也能下单的快递公司——镖局。但镖局的每一单,也都是定制的。费用与路途远近、货物价值、风险大小都有关。一旦签订"镖单",雇主要先付定金,而镖师也得履行自己的职责。大概是因为镖局运送的货物,通常价值不菲,需要镖师有一定的武艺。

明清时,快递硬是被送出了一股"中二"气息,真可谓是

第三章 那一天

刀光剑影,快意江湖。镖局送第一单快递之前,往往都需要亮镖。亮镖时,由总镖头下帖,邀请社会名流和武林人士前来展示并切磋武艺。

明清时期,不仅有快递员小哥哥,还有快递员小姐姐。女镖师的传奇故事,在民间流传颇广。如《巾帼遗闻》就记载了这样一个故事:有罗、蒋二人要寄快递。因为东西贵重,他们一定要找一个业务水平超级棒的快递员,于是出了很高的价钱。一个快递员小姐姐非常自信地说:"如果有人要抢快递,我就一镖射死他。"然后,她一镖就射中了远处一棵树的白痕处。罗、蒋二人叹服,当即决定让她去送快递。

另外,《清稗类钞》也有类似的故事:"光绪初,张家口有镖师邓魁者……有女曰剑娥,年十四,魁以逐马贼中伏枪死,乃代其业。有年矣,矢志不嫁。能立马上击空中雕鹗,枪无虚发。"

反观如今的快递员,不再需要有百步穿杨的技能,也不会因为没有按时送到货,被公司"暴打"。快递行业早已有了很大变化。它不再是尊贵的特权,也不再标着昂贵的价格。今天的快递,已经变成了所有人的快乐源泉。

第四章 那一人

第四章　那一人

"洁癖五天王"

⊙ 黑逗、王涵

说到洁癖，一般都是指一个人认为身边的所有东西都是肮脏的，只有清洁后才能干净起来。轻度的洁癖一般只算是一种不良习惯，而重度的就真的是强迫症了。那么，古代并不比现在更洁净，人不得不在更肮脏的地方生活。如果有个人有洁癖的话，又会是怎样的呢？

倪瓒

只有方方面面了解倪瓒的人才知道，以前遇到的洁癖者都是假的。

倪瓒（1301—1374），元代画家、诗人，常州无锡（今属江苏）人。字元镇，号云林子、荆蛮民等。他与黄公望、王蒙、吴镇并称为"元四家"。他的画以山水为主要题材，构图简约，意境凄清冷寂、萧疏淡泊……

什么叫凄清冷寂、萧疏淡泊？如果你亲眼看过倪瓒的作品，就能感受到一种使人心神凄凉、寒气透骨、体温骤降的气氛。

很多人都试图模仿倪瓒画中的这种凄清冷寂、萧疏淡泊之气,但是模仿成功的并不多。这可能是因为倪瓒有一个重要的、别人学不来的心理特征——洁癖。倪瓒的洁癖究竟有多严重?通过下面几个小故事,或许你可以窥见一斑。

[清]徐璋《倪瓒像》(现藏于南京博物院)

高层厕所

一般来说,厕所是家中比较脏乱差的地方。倪瓒身为洁癖人士,当然格外注重厕所的位置和卫生。他家的厕所建在一座高台上,高台下面有一个敞口的木格子,里面装着许多鹅毛。每次上厕所的时候,他都要先爬到高楼上。每逢排泄物掉到木格子里,又轻又软的鹅毛便会马上飞起来,覆盖住排泄物。

倪瓒在上面如厕,仆人就在木格子边上守候。见到主人如厕完毕,立刻换上新的木格和新的鹅毛,以保证厕所环境整洁、

第四章　那一人

气味芬芳。

养不活的梧桐

连厕所都这么干净，宅子里其他的房间估计也不差。据说，倪瓒每次洗澡要换十几次水，穿戴的衣帽要拂拭数千次。客人来访离去后，坐过、碰过的地方全要擦洗干净。家中的仆人时常拿着扫帚、抹布，就像上满了发条的玩具士兵，根本停不下来！

庭院里更是如此。假山自然是一尘不染，连种的梧桐树都因擦洗过度，死了好几棵！因为倪瓒看到梧桐，丝毫感受不到绿意盎然和勃勃生机，反而紧盯着树皮、树叶，怎么看怎么觉得脏。

梧桐有落叶，就在手杖头上装一根针，把落叶挑起来扔到外面去。树皮上有土，就每天把梧桐树擦洗一遍。为此，倪瓒还专门画过《洗桐图》，写过《洗桐诗》。好好的梧桐树，每天都经历这样的擦洗，不死掉才怪！

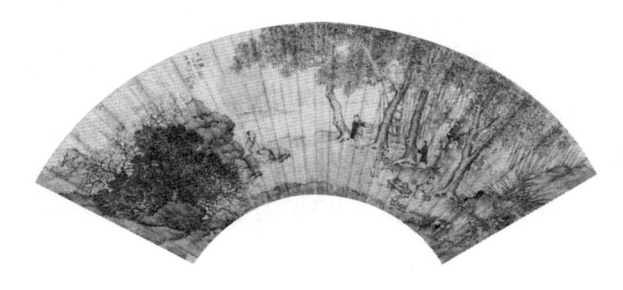

［元］倪瓒《洗桐图》（现藏于扬州博物馆）

喝水也有讲究

作为高士，倪瓒很喜欢喝茶。一次与友人谈论诗文，突然茶兴大发，遂派童子去邓尉山中的七宝泉挑水。

水挑回来之后，倪瓒问童子："你挑水的时候，哪个桶放在身前？哪个桶放在身后？身前桶里的水，可以用来煎茶；身后桶里的水，就当洗脚水吧。"

众人听了这件事，都不是很理解，便问倪瓒为什么这样做。倪瓒回答："前者无浊气，故用煎茶；后者或为泄气所秽，故以为濯足之用耳。"原来，倪瓒是怕童子在路上消化不良，熏到后桶中的水。不过，万一童子在路上打了个喷嚏，不也污染了前桶水吗？

一声咳嗽

有一次，倪瓒留一位朋友在家住宿，又生怕他玷污了自己窗明几净的家，遂整夜蹲守在房门处窃听。

偏偏这位朋友在深夜咳嗽了一声。倪瓒听见了，大惊失色。第二天当朋友离开后，倪瓒立刻命令仆人在家中各处寻找，一定要找出那位朋友把咳出的痰吐在了哪里。

仆人找了半天没找到，便在庭院里随便捡了片树叶，指着上面被露水浸染的痕迹说："找到了，这是痰痕。"倪瓒看到后，马上让仆人把树叶扔到好几里地之外。

第四章 那一人

失败的"刺激疗法"

倪瓒最喜欢的东西：一是一匹白马，平时总是刷洗得干干净净；二是他的藏书楼"清闷阁"，轻易不许外人进入。

一次，倪瓒的母亲生病。倪瓒请了当时的名医葛仙翁诊治。葛仙翁也许是自恃医术高明，想在治疗倪瓒母亲的同时，用"刺激疗法"治治倪瓒的洁癖。

那天正好下大雨，葛仙翁便要求倪瓒骑白马来接他。倪瓒心里十分不乐意，但为了母亲，还是骑着马赶赴葛仙翁处。

接到葛仙翁以后，葛仙翁骑在白马上，专门挑烂泥地走，弄得人和马身上都脏兮兮的。不过为了母亲，倪瓒强压一腔怒火，并没有发作。

到了倪瓒家，葛仙翁又要求进入清闷阁一观。倪瓒想到母亲的病还没有治好，只得勉强答应。没想到葛仙翁进入清闷阁以后，不仅乱翻倪瓒收藏的书籍、古玩，还在地上踩了许多泥脚印，好好的藏书楼被搞得一片狼藉。

然而事实证明，这些做法并没有改变倪瓒。葛仙翁走了之后，倪瓒马上让人把清闷阁锁起来，再也没有使用过。

出门访友怎么办？

倪瓒的朋友们知道他有洁癖，对此也比较照顾、体谅。例如一个叫周南老的人，每次邀请倪瓒来访之前，都会把家里打扫得干干净净，连柱子和柱础都擦得锃亮。

当然也有闹笑话的时候。倪瓒的同乡中有一个富翁，一次富翁家里的芙蓉花开了，便邀请倪瓒一道赏花宴饮。倪瓒答应了。

想不到上菜的厨师是个满脸大胡子的人。倪瓒一见，站起来把衣服掸掸，意思是要走了。主人非常惊讶："刚上的菜还没吃一口，怎么就要走了？"倪瓒一脸嫌弃地说："厨师那么多胡子，肯定好脏，我还吃他做的菜干吗？"

因洁癖而丧命

倪瓒家本来是当地有名的地主家庭，而且倪瓒的两个哥哥也都是道教上层人物，物质条件十分优渥。然而这份家业传到倪瓒手中，却因他坐吃山空，在他四五十岁时便逐渐捉襟见肘。

迫不得已，倪瓒在至正十三年（1353）变卖了家中的土地，并把自己收藏的古玩字画搬到一条船上，打算从此在太湖中消磨余生。

可是虽然土地变卖了，当年的赋税却还没交。税官在各处搜捕倪瓒，突然闻到湖边的芦苇丛中有一股龙涎香的味道。税官循着香味，把正在湖边熏香的倪瓒抓进了监狱。

到了监狱，倪瓒的洁癖依然不改。狱卒给他送饭，他要求狱卒在送饭的时候一定要举着饭碗送进来，而且要举到眉毛那么高。狱卒心想：我又不是你老婆，你让我举案齐眉干吗？问倪瓒为什么，倪瓒不回答。问了旁人才知道，倪瓒是怕狱卒把唾沫喷到饭里。

第四章 那一人

狱卒听后大怒,把倪瓒用铁链拴在厕所的马桶旁边,让他天天被臭气熏着。

众人纷纷求情,狱卒这才把倪瓒从厕所里放了出来。可是这段经历给有洁癖的倪瓒留下了严重的心理阴影。不久之后,倪瓒便因忧惧和愤怒引发了脾疾,于洪武七年(1374)去世,享年七十四岁。

无癖不成高士。除了倪瓒之外,下面要说的这几位也是"洁癖患者",而且还"病得不轻"。

宗炳

作为能写出中国第一部山水画论的作者,可以说宗炳是位有个性、有态度、有才华的另类高贤。

在宗炳所处的南北朝时期,非常器重他的宋武帝刘裕曾多次邀请其出仕做皇室高参。可宗炳就是摆出一副山野文人的德行,委婉谢绝了刘裕的好意,因为他深知自己不是"廊庙之才"。

宗炳遇到刘裕也算幸运:刘裕宽厚大度,非但没和宗炳计较,反而派人关照宗炳的生活。有人说,宗炳一辈子都在被人邀请做官,他也推辞了一辈子。

绝意仕途的宗炳在社交生活中也与众不同。一日,朋友去宗炳家里拜访。本来相谈甚欢,可宗炳突然犯了洁癖,命令家仆立刻擦拭客人坐着的椅子。客人当场尴尬至极,心想:宗少文也太不给我面子了，便生气地离开了。

就这样，宗炳的洁癖彻底毁掉了笃友之谊。

当然，孤傲的宗炳也不介意世俗的看法，因为他的内心只想着"世界那么大，我想去看看"。所以他历览名山大川长达三十多年，并留下了专著《画山水序》。如果到了现代，他出门旅游估计除了要带上床单、酒精和消毒液，没准儿还得再提前网购几件防疫隔离服才行。

王维

王维是唐朝著名大诗人、大画家，提起他，可谓是老少皆知。

可能你曾流连忘返于"明月松间照，清泉石上流"的清幽意境，也可能你曾黯然神伤于"独在异乡为异客，每逢佳节倍思亲"的沉郁乡愁，又或者你曾在"行到水穷处，坐看云起时"的达观中品得世间清欢，但你绝对想不到这样一位潇洒放逸的"诗佛"，竟会纠结无处不在的微尘土灰。

王维容不得家里有一丝灰尘，甚至为了满足日常清洁需求，特意在辋川别业设立了"扫饰监"，不仅聘用十几个人专门负责扫地，还有两名奴仆专职绑缚扫帚。王维洁癖成瘾，每天都要求打扫十几遍。这个清洁强度，放在当代，就算扫地机器人也会累得没电，更何况人工打扫。尤其忙坏了两名专门绑缚扫帚的童仆，为了不被"职场PUA"，只得天天加班加点扎扫帚。

第四章　那一人

六祖师慧能有法偈"菩提本无树,明镜亦非台。本来无一物,何处惹尘埃",很显然,虽然王维崇信佛法,但被他当成了耳旁风。或许《红楼梦》中妙玉的判词"欲洁何曾洁,云空未必空"[1],才是王维的真实写照。

[清]李瀛《王维画像》

邵弥

邵弥是晚明清初的重要书画家,清代的吴伟业将其与董其昌、王时敏、王鉴等人同列入"画中九友"。邵弥的现存作品较多,但个人的生平史料较少,连生卒年都众说纷纭,莫衷一是。

1　参见《红楼梦》第五回。

他的山水画取众家之长为己所用，笔墨简括，取景萧疏，具有"清瘦枯逸、闲情冷致"的风格。画如其人，邵弥性格清隽迂僻且不苟于俗流，其中最突出的就是他的洁癖。邵弥一生布衣，半世流离，生活颇为清苦。许多时候，只能勉强靠出售砚台和字画维持生计。可没有富贵命，偏偏得了富贵病。他非常注重个人仪表，极其讲究生活品质。这让本来就不富裕的家庭雪上加霜。在没有电熨斗、挂烫机的年代，邵弥从来不穿有褶皱的衣服出门。此外，因为他嗜洁成癖，还导致家庭关系不和谐。只要他在家，就会不停地洗洗刷刷，从衣帽鞋靴到桌椅砚台，只要能洗能擦，都不放过。老婆、孩子和仆人都要按照他的要求完成每天的清洁任务。

与此同时，他还立下了一些苛刻的家规，其中就包括不能随意触碰家里清洗过的东西，惹得全家人都不满意，家仆和媳妇经常暗地骂他几句，亲儿子也不愿和他亲近。可耿介绝俗的邵弥非但没往心里去，反而继续我行我素，完全沉溺在自己的世界里。

米芾

米芾的山水画原作，现今很难见到了，但他的"米氏云山"对后世文人山水画颇有影响，而且他的洁癖秉性也为世人津津乐道。

第四章 那一人

米芾是个玩世不恭、癫狂桀骜之人，总是标新立异，发表一些惊世骇俗的言论。比如他看不惯汲汲功名者，曾写诗讥讽曰："好艺心灵自不凡，臭秽功名皆一戏。""功名皆一戏，未觉负平生。"

苏州沧浪亭五百名贤祠内米芾石刻画像

再比如在画史上很有排面的北方山水画派鼻祖荆浩，米芾也认为其山水画"然未见卓然惊人者"。米芾甚至还和宋徽宗唱反调，鄙视崔白等人的作品，说崔白的画只能"污壁茶坊酒店，不入吾曹议论"。

就是这样一个清高自矜的"精神小伙",每天吃饭前都要洗十几遍手,甚至还自制"过滤净水器""感应水龙头""自动烘手机"。

米芾洗手用的是特制的银水斗。洗手时会命令仆人手执长柄,让水从上倾泻而下,这样就能避免污水聚集。洗完后他也不用毛巾擦干,而是不停地拍打手掌,直至水尽手干为止。

另外,家里来客走后,他也要将桌椅冲洗一遍,才能心安。看来,这倒是和宗炳、邵弥"共情"了。

朝靴偶尔被他人拿过,米芾就恶心得受不了,回家洗了又洗。可还是心生厌恶,直至洗得不能穿了才作罢。

还有一次,他因为嫌弃祭祀用的礼服被别人穿过,便拿回家用力洗涤,后来连衣服的云纹都被洗掉了。为此,米芾受了朝廷处分。像头巾、帽子这类私人物品,米芾更不准他人触碰。果然,大户人家的生活就是这么"朴实无华又枯燥"。

米芾擅长书画,自然也爱收藏文房四宝。宋徽宗赏了米芾一方砚台,米芾如获至宝,从不轻易示人。好友周仁熟深知米芾有洁癖,便成心想戏弄他一下。他软磨硬泡地让米芾拿出砚台后,趁其不备,调皮地吐了一口唾沫在砚台上,并用唾沫研墨。米芾见状,差点儿当场晕倒,马上变脸说:"你这人,前一秒还谦敬有礼,干吗下一秒突然往我砚台里吐口水?这砚台我不要了!"周仁熟只是开玩笑,并非夺人所好,事后主动归还砚台,可米芾死活不要。

第四章　那一人

　　这些还不算夸张,更荒谬的是,米芾连女儿的婚姻大事,也要根据自己的癖好决定。女儿到了婚嫁年龄,上门提亲的人全被拒绝了,只有一个叫段拂的小伙子被相中,因为他名拂,字去尘。米芾心想:名拂,字去尘,这名字透着干净劲儿,选他准没错。天选之婿就这样非他莫属了。于是,他偏执地把女儿嫁给了这个小伙子。

　　"小洁洁身,大洁洁心。"从山贤野逸到书画宗师,"洁癖精们"通过各种洁癖形式,无非是在追求身心合一,彰显"出淤泥而不染"的高尚人格。
　　不过,在不困扰自己且不影响他人的前提下,有点儿洁癖也无可厚非,谁还没有个自己的"癖好"呢?说到这,小编不禁想起了一位朋友……

趣味中国史：古人潮流生活指南

创作"凡尔赛文学"的古代名家们

⊙ 觅渡君

前一段时间，网上非常流行学习"凡尔赛文学"课。总结下来，凡尔赛文学创作的方法论，就是先抑后扬、明贬暗褒、自问自答和第三人称视角。只要掌握这个公式，人人都能成为"凡学大师"。

有网友曾发起过"凡尔赛文学模仿大赛"，大家你一言，我一语，玩得不亦乐乎。在这场"凡学"（"凡尔赛文学"的简称）交流会中，有人提出如下观点：黄梅戏代表作《女驸马》中的那句"为救李郎离家园，谁料皇榜中状元"应该是我国最早的"凡尔赛体"了。其实，如果这都能算"凡尔赛"，那古代可有不少知名的"凡学大师"。

比如屈原，他在《离骚》中说：

既替余以蕙纕兮，又申之以揽茝……众女嫉余之蛾眉兮，谣诼谓余以善淫……制芰荷以为衣兮，集芙蓉以为裳……

这段话放到当代，就像是在微信朋友圈"吐槽"：好多女

第四章 那一人

生都爱用"妖艳"来形容我。哎,我可太冤了。我的眉清目秀是父母给的,而且我都不爱打扮,只是用荷花菱叶做成衣裳穿,再搭配一些蕙草和茝兰。我已经这么朴素了,还要被说三道四,真是让人无语。

还有李白,他一辈子几乎没有工作过,整日就是游山玩水,却也不缺钱花,这是因为他是个正儿八经的"富二代"。

想必大家都知道:"小时不识月,呼作白玉盘。"翻译一下就是说:小时候见识少,不知道月亮叫"月亮"。只是看着它长得很像家里常用的白玉盘,然后就那么叫了。结果被人笑话了好一阵子,现在想起来都还有点不好意思呢……

此外,还有这句"金樽清酒斗十千,玉盘珍羞直万钱"。讲得凡尔赛一点儿,应该是这样:最近对未来感到很迷茫,都吃不下饭了。家里准备了清酒和一堆山珍海味,还用金杯与玉做成的盘子装,花里胡哨的,看着更没胃口了……

再看他给粉丝汪伦的《赠汪伦》:

> 李白乘舟将欲行,
> 忽闻岸上踏歌声。
> 桃花潭水深千尺,
> 不及汪伦送我情。

这根本就是在说:原本是私人行程,我想要低调一点。也提前说了，不要"应援"和礼物。心意我都收到了，可他非要给我送行，兴师动众的，真的很抱歉，给大家添麻烦了。

白居易也在《达哉乐天行》[1]中秀过一波家产：

> 起来与尔画生计，薄产处置有后先。
> 先卖南坊十亩园，次卖东郭五顷田。
> 然后兼卖所居宅，仿佛获缗二三千。
> 半与尔充衣食费，半与吾供酒肉钱。
> 吾今已年七十一，眼昏须白头风眩。
> 但恐此钱用不尽，即先朝露归夜泉。

他仿佛是在说：最近在学理财，先后抛售了南坊和东郭的几只地产股，还出手了一套房。赚的收益一半给妻子，一半自己喝酒、吃肉。不过，我今年都七十一岁了，真怕赚的这些钱花不完。

虽然这几位都有拿得出手的"凡学"作品，但恐怕只有晏殊才能被称为"凡学鼻祖"。

晏殊虽然是平民出身，却写得一手贼有水平的炫富文。他看不上前辈寇准的"老觉腰金重，慵便枕玉凉"。说李庆孙写的《富贵曲》一副穷酸相，真正的有钱人从来不会炫耀金银玉

---

[1] 亦作《健哉乐天行》。

第四章　那一人

石之类。

我们来看看他是怎么秀的[1]：

> 楼台侧畔杨花过，
> 帘幕中间燕子飞。
>
> ——《句》

> 梨花院落溶溶月，
> 柳絮池塘淡淡风。
>
> ——《寓意》

普通人家都忙着打工赚钱，哪有心情和时间看这些景致呢？

晏元献公喜评诗，尝曰："'老觉腰金重，慵便枕玉凉'，未是富贵语，不如'笙歌归院落，灯火下楼台'，此善言富贵者也。"人皆以为知言。

——欧阳修《归田录》卷二

晏元献公虽起田里，而文章富贵，出于天然。尝览李庆孙《富贵曲》云："轴装曲谱金书字，树记花

---

[1] 以下两段词均转引自《青箱杂记》。

名玉篆牌。"公曰："此乃乞儿相，未尝谙富贵者。"故公每吟咏富贵，不言金玉锦绣，而唯说其气象。若"楼台侧畔杨花过，帘幕中间燕子飞""梨花院落溶溶月，柳絮池塘淡淡风"之类是也。故公自以此句语人曰："穷儿家有这景致也无？"

——吴处厚《青箱杂记》卷五

放在今天的语境里，他几乎就是在说："那些发微信朋友圈爱提私人飞机、高定、限量之类的人实在太肤浅了，暗戳戳地露出奢侈品标志真的是太有心机了。如果换成高级的说法应该是：好羡慕那些白手起家的人啊，靠自己的努力做出一番事业，真是太厉害了。那天跟我老爸说想创业，老爸甩给我五个亿的启动资金，让我定个小目标，说先挣一个亿。我太难了。"

不过，在他之前，石崇、王恺和隋炀帝炫过的富都能写成"凡尔赛段子"了。

石崇厕，常有十余婢侍列，皆丽服藻饰。
——刘义庆《世说新语·汰侈第三十》

帝以诸蕃酋长毕集洛阳，丁丑，于端门街盛陈百戏，戏场周围五千步，执丝竹者万八千人，声闻数十里，自昏至旦，灯火光烛天地，终月而罢，所费巨万。自

第四章 那一人

是岁以为常。

——《资治通鉴·隋纪》

前人"凡里凡气",后人也有样学样。如果让元载发表一通凡尔赛讲话,他可能就会说:"现在流行送胡椒吗?我觉得那个味道太刺鼻了,朋友们送的胡椒已经多到家里都快装不下了,害得我每天都要打好几十个喷嚏,真是不明白大家为什么要送这种东西。"

籍其家,钟乳五百两,诏分赐中书、门下台省官,胡椒至八百石,它物称是。

——《新唐书·元载传》

海上丝绸之路是唐代中外贸易的主通道,但经由海路进口的胡椒量有限,当时的贵族又很喜欢,所以价格很高。大历十二年(777),宰相元载因贪赃枉法被赐死,官府在查抄他的家产时搜出了八百石胡椒。后来唐庚诗中的"胡椒八百斛,流落知为谁",就是在说这件事。

杨贵妃则会说:"现在的年轻人告白、求婚的时候,在地上、床上撒玫瑰,真是经济实惠又浪漫。看看我家三郎,每次出个门都要让人在路上弄些龙脑、郁金香。说了他好多遍,可就是不听,真搞不懂这些直男是怎么想的!"

旧时人主所行，黄门先以龙脑、郁金藉地，上悉命去之。

——《旧唐书·宣宗本纪》

青锦地衣红绣毯，尽铺龙脑郁金香。

——花蕊夫人《宫词》

《酉阳杂俎》记载，龙脑香树源自婆利国、波斯国，因从海外带回，所以十分珍稀，人们又常将其和主宰大海的龙联系起来，因此得名。

龙脑可食用、入药，还可制香，唐玄宗曾赐予杨贵妃十枚"瑞龙脑"。

到了清代，知名富豪席氏、陶氏、季振宜和内务府大臣荣禄的事迹也都能作为凡尔赛文学的素材来源：

乾隆中，江浙殷富至多……洞庭山富室尤多，席氏居首，而吾禾王江泾陶氏与之埒，两姓皆婚媾。一日，陶至席所……席谓陶曰："我所居有未尽善乎？"陶曰："无他，惟大厅地砖纵横数尺，类行宫之物。书室窗外池塘欠荷芰耳。"席默然。两时许，复邀过水榭，则已荷蕖盈目，送客出，厅事地砖皆易为及尺矣……

第四章 那一人

  偶至苏阅绝秀班,优者厌其村老,戏诮曰:"尔好观,何不于家中演之?但日需风鱼、火腿方下箸耳。"是时戏价需二百金。陶归,遽定一百本,闭之厅事使其自演,无人阅者,一日两餐,舍风鱼、火腿外无他物。十日后,诸伶大窘,乃谢过始罢。
        ——金安清《水窗春呓·豪富二则》

  荣禄美风仪,容止秀整,衣裳杂佩皆极精好。每岁自十一月朔,迄次年之元夕,所服貂褂日易一袭,无重复者。其衣衩内标第几号,可知多矣。
        ——罗惇曧《宾退随笔·荣禄貂褂》

  如果按照这样的逻辑把古人的话翻译一通,试问今天还有谁能成为"凡尔赛文学家"呢?

古人奢侈行为艺术大赏

⊙ 李不迟

贾不假,白玉为堂金作马,
阿房宫,三百里,住不下金陵一个史,
东海缺少白玉床,龙王请来金陵王,
丰年好大雪,珍珠如土金如铁。

——《红楼梦》

常言道,成由节俭败由奢。奢侈之事,古今皆有。但估计我们最先想到的一定是《红楼梦》中"四大家族"的奢靡生活,但如果你闲翻史书,会发现某些古人的奢侈真是有过之而无不及。

民以食为天。首先,《红楼梦》中的"茄鲞"已经被刘姥姥感慨道:"我的佛祖!倒得十来只鸡来配他,怪道这个味儿!"但她若是看到下面这些,不晓得又要作何感想。

西晋时的何曾生活非常奢靡,每天的饮食可以花费上万钱,却还感慨"没有值得下筷子的地方啊"。而且每次进宫宴饮,从来都不吃御厨做的食物,皇帝便让他取自己家的食物来吃。在当时,由于尚未掌握发面技术,馒头这种食物可是奢侈品,皇帝都曾专门下旨规定今后祭祀太庙必须有馒头。而对何曾而

第四章　那一人

言，如果不蒸出十字裂纹他就不吃，至于为满足他的喜好，又花费了多少，就不在考虑之内了。

宋朝的蔡京在饮食上更是铺张。某次宴席，他仅在蟹黄馒头上就花费了一千三百余贯。苏东坡在黄州之时，每月花费不到五贯，可见蔡京一顿餐饮足以使普通人生活二十年。

《庚溪诗话》卷下记载着这样一个故事，蔡京喜爱鹌鹑羹，以至于有一日梦到数千鹌鹑在梦中控诉："一羹数百命，下箸犹未足。"《鹤林玉露》也描述过蔡京府中连做包子都有专门的人去拣葱切丝，后厨人员之繁杂、宴饮之奢华，可见一斑。

野史记载，和珅每日清晨都要服用珍珠一颗，且不是普通的珍珠，必须是从海上新捕捞的，且不能发黄、受损。这样的珍珠，在清朝即便是一颗最轻的也要八千两，最重的甚至达到二万两。"士大夫争购之，唯恐不得"[1]，和珅却日日如此。

根据《清实录》的记载，和珅家里面查抄出来的珍珠手串有200多串，比皇宫还多几倍。《和珅犯罪全案档》中的数字更为精确：大东珠60颗，珍珠手串236串。[2] 依照和珅对珍珠的喜爱，每日服用珍珠和珍珠粉这种行为也的确是可能的。

如果说以上人物是因为骄奢淫逸的享受而耗费财物，那么

---

[1] 参见《国朝野记》。
[2] 《清朝野史大观》卷三《清朝史料》中的《查抄和珅家产清单》有详细记载，其中大东珠很可能是10颗，而非60颗。——编者注

以下这一位可以说是近乎泯灭人性。

《世说新语·汰侈第三十》记载,晋武帝司马炎有一次到王济家中用餐,侍候的婢女都有一百多人,用手托举着食物,以充当餐桌。王家蒸的乳猪味道鲜美,和通常的不同。武帝感到奇怪,就问王济是怎么做的。王济回答说:"这是用人奶喂养的。"用人奶喂猪,这是何等的丧心病狂!

有句俗语叫作"先敬罗衣后敬人",成语中亦有"衣食父母"的说法,对衣服的看重,古已有之。可是在某些富人那里,在衣服上的奢侈,也是异常惊人。

以清朝时的富豪季振宜为例。他家的紫貂、青狐、银鼠等各类裘皮衣服,仅是曝晒时用棍子拍打,落下的毛覆盖到地面,都足足有三寸厚。当然,更奢侈的要数安乐公主的百鸟裙,《新唐书》记载,这条裙子由上百种鸟类的羽毛织造而成,华丽无比,正看、侧看,颜色各不相同,在太阳下和阴凉处又是全新的颜色,仿佛可以看到百鸟的形态。《资治通鉴》也言:"安乐有织成裙,直钱一亿。"这样的裙子,也不知耗费了多少人的心血。

> 曹氏深惧盛满,每默等升进,辄忧之形于声色。然食无重味,服浣濯之衣,褒等所获禄秩,曹氏必班散亲姻,务令周给,家无余资。
>
> ——《晋书·列女传》

第四章 那一人

帝既躬履俭约，六宫咸服浣濯之衣。

——《隋书·食货志》

平居衣大练，服浣濯之衣，不喜侈丽。衾裯虽弊，不忍易。

——《大明太祖高皇帝实录》

而且，考虑到古代帝王和富豪连"服浣濯之衣"（穿洗过的衣服）都要拿来当作节俭的例子，实际奢侈程度，必是难以想象。

"衣"和"食"之外，我们再谈谈"住"和"行"。这就不得不提石崇和王恺斗富的事情了。王恺用紫色的丝绸衬上绿绫里子，做了长达四十里的步障，石崇就用锦绣缎子做了五十里的步障，来跟他匹敌。石崇把花椒捣成泥来刷墙，王恺就用赤石脂来刷墙。两人完全是穷奢极欲。

《世说新语》里还记载过这么一个故事，王恺曾经责罚一个人，并直接把他关在弯曲延绵的内院里，不让人带他出来。他饿了好几天，迷迷糊糊的，竟不知道该从哪里出去。王恺居住院落的广阔竟达到如此境地。而前面我们也说过，石崇家的厕所更是经常有十多个婢女站着侍候，都穿着华丽的衣服，多数客人害羞得不敢去上厕所。

再说之前提到的王济。他曾经搬家到北邙山下居住，那里居民众多，土地价格非常昂贵。可他买了大片土地用来骑马射箭，还用绳子把铜钱编起来，围着跑马场做了一圈矮墙。当时人都把那里叫作"金沟"。

至于出行，或许有些读者听过关于张居正三十二人抬轿出行的故事。明朝王世贞在《嘉靖以来首辅传》中记载："居正所坐步舆，则真定守钱普所创以供奉者。前为重轩，后为寝室，以便偃息。傍翼两庑，庑各一童子立，而左右侍为挥箑炷香，凡用卒三十二昇之。"这个轿子里有卧室、客厅，甚至还有两个服侍的童子，听起来真是够气派。当然，这个故事的真实性存疑，毕竟王世贞与张居正素有罅隙，很可能是编出来的，但这个记载也可以作为对古人出行的奢华描述了。

鄙人学识浅陋，仅能从衣食住行上谈谈古人的奢侈，想那些挥金如土、奢靡无度的行为背后，往往站着大量饱受饥寒困苦的普通人。"朱门酒肉臭，路有冻死骨。""陋室空堂，当年笏满床；衰草枯杨，曾为歌舞场。蛛丝儿结满雕梁，绿纱今又糊在蓬窗上。"以史为鉴，读之警之。在今日更应"一粥一饭，当思来处不易；半丝半缕，恒念物力维艰"，勤俭节约之路，我辈砥砺前行。

第四章　那一人

长安女子生活

⊙ 白虎山人

说起大唐风流，也许你会想到纵马朱雀街的五陵少年，凤歌笑孔丘的不羁诗人，雍容华贵的壁上仕女，作胡旋舞的玲珑舞伎与煊赫一朝的女皇、贵妃和公主等等。但这风流之中掩去的，长安城中那些真真切切活过的普通女子又是如何生活的呢？

大龄女侍卫

武艺高强的女子，似乎只能活在道听途说的故事里，抑或儿郎们逐鹿天下时作为锦上添花之用。但她们确实存在过，只是由男人执笔的历史湮没了她们存在过的痕迹。高惠通，这名史书上无载的女子便是其中一位。

武德五年（622）六月五日，高惠通成为尚是秦王的李世民的刀人。刀人，是隋炀帝始设的女官。她们一般身穿赤边黑裳，趋侍左右。虽然位阶低下，但肩负着护卫重责。这时候，高惠通已经二十六岁了，在唐朝绝对算得上是大龄单身女青年。要知道，李世民的妻子长孙氏嫁给李世民时，才十三岁。

武德五年（622）时因皇位继承问题，李世民与兄长李建成的矛盾已经不可调和。此前，秦王府招贤纳士，聚集了大批好手；李建成也不甘示弱，扩充东宫卫士，号"长林兵"。可见，高惠通被选入秦王府成为刀人的用意，便是护卫李世民，以防其遭遇不测。不过，出身名门渤海高氏的高惠通，即便做了品阶低下的刀人，也立性温恭、恪尽职守，赢得了秦王府上下交口称赞。

可惜，四年后的武德九年（626）四月十日，三十岁的高惠通于秦王府溘然病逝。四天后，于长安县龙首乡下葬。四天即葬，实在太过匆忙，这显然不符合唐朝的葬仪。但李世民早已顾不得那么多了，当时他与李建成的争斗已经到了白热化的程度。

此后两个月不到，便发生了震惊朝野的"玄武门之变"。李世民绝地翻盘，荣登大宝。尽管葬礼匆忙，秦王府还是为这位尽职尽责的女侍卫撰写了一篇情真意切的墓志铭，感怀她的美德，惋惜她的红颜薄命，遗憾她"如何匣玉，永闷幽泉"。

这位颇具红拂风采的刀人高，留给今人的只余这方斑驳的朴素墓志。

即便如此，墓志铭字字句句中流露出的思念，却穿透了遥远的时空，牵出你我此刻的一声慨叹。

佛门白富美

书中云，凡神童，打小便惊才绝艳。佛祖预定的神童，自

第四章　那一人

然也与其他小娃娃不那么一样。

河东裴家有个小姑娘,不到三岁就懂得佛法,能诵读《心经》。她娘裴夫人遂抱着娃娃去法云寺。和尚惊道,这女娃与我佛有缘啊!于是,裴氏女头发还没长全,就剃度出家做了比丘尼,法号释然。

说起来,释然的祖父是司空公裴纪,父亲裴冕后来官至宰相,叔伯兄弟们也是各有官职在身。释然容颜绰约,气质卓然,无论家世,还是样貌,都是妥妥的大唐标准"白富美"。但即便如此,释然还是舍弃了滚滚红尘。

天宝年间,释然在资敬寺的理空律师处受戒,将自身献给佛祖。然而不久之后,安史之乱爆发,叛军直逼长安,打断了释然的修行。释然被迫跟随父亲裴冕辗转,从长安至凤翔,出关中,进蜀中,登太白,过剑门,上峨眉……于乱世流离之中,释然始终端持一颗普度众生之心,启道场于太白,敞禅室于峨眉,密穷秘藏,深入真要,用佛法安抚流民失所之心。

永泰初年,战乱平息,释然重归长安。其因家世显赫,而被僧众推举为临坛大德,负责登坛受戒,成为一位又一位小比丘尼的引路人——就像当初为她受戒的那位理空律师。释然作为一位德高望重的比丘尼,似乎并未辜负她与佛祖的这份缘。

永泰二年(766)七月一日,释然于资敬寺病逝。七月二十日,按照她的遗愿,释然被安葬于毕原祖茔,"终于"从佛殿回到了俗世亲人的身边。

入塞的"昭君"

说起和亲公主,我们眼前便会浮现出一个个如花女子郁郁寡欢的模样。"出嫁辞乡国,由来此别难。"[1]但常见出塞和亲的李唐公主容颜尽,粉黛残,妾心断,望长安,可又有几人知晓嫁来长安的外族公主内心同样愁苦。

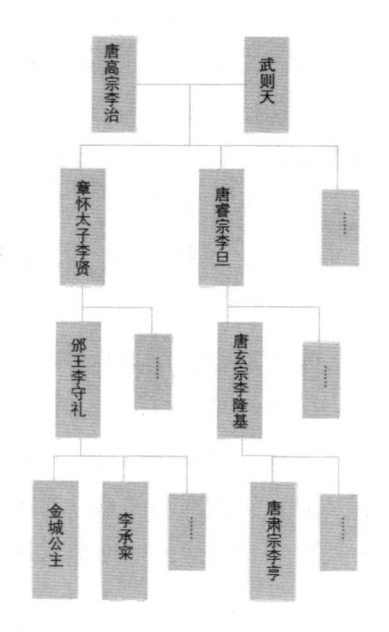

金城公主家族世系

---

1 参见宜芳公主《虚池驿题屏风》。——编者注

第四章　那一人

为了镇压安史之乱，仓促即位的唐肃宗李亨决定向回纥借兵。至德二年（757）九月，肃宗为表诚意，封自己的堂兄弟李承寀为敦煌郡王，令他前往回纥牙帐，向回纥可汗提出和亲。李承寀是高宗李治与武则天的曾孙、章怀太子李贤的孙子、邠王李守礼的儿子，是正经的李唐皇室。他有一个被封为金城公主的姐妹，和亲吐蕃。

十月，敦煌王承寀至回纥牙帐，回纥可汗以女妻之。肃宗皇帝遂赐回纥女号毗伽公主。十一月，回纥发兵，与郭子仪会合，与叛军战于榆林河北，大破之，斩首三万，捕虏一万，河曲皆平。

说起来，李承寀也算是大唐独一份的和亲皇子。因此肃宗对这位和亲的堂兄弟有几分愧疚，甚是恩宠。可惜李承寀承受不来，与毗伽公主成婚不久，便于乾元元年（758）六月病逝。

那么，回纥的毗伽公主呢？史书上再也没了她的踪迹，包括她的出身与名字。有人说她是回纥怀仁可汗的女儿，也有人说她是阏氏的妹妹。她仿佛便是为了这场挽救大唐的和亲而生。往后如何，无人在意这个完成使命的女人的结局。也许她回到了家乡，也许她去了长安。做和亲公主，从来就不是一件幸福的事。

另一位来自突厥的贤力毗伽公主，也没能在长安找到自己的幸福。

圣历元年（698），贤力毗伽公主出生不久，她的父亲默啜可汗便向武则天提出和亲。武则天欣然同意，将尚在襁褓的贤力毗伽公主许给了武承嗣的儿子武延秀。可是，可汗以武延秀不是李唐天子后裔拒绝，待到公主五岁时，再次请婚。这次许给了皇太子的儿子，可汗很满意，献马千匹，表示谢意。

唐故三十姓可汗贵女贤力毗伽公主墓志
（局部，现藏于福州市郊区文物管理委员会）

然而，中宗李显即位后，于神龙二年（706）与突厥爆发了鸣沙之战。公主与李唐的婚事再次告吹，后来辗转嫁给吐谷浑大酋之子阿史德觅觅。阿史德觅觅于开元三年（715）南奔归唐，被封为特进兼左卫大将军云中郡开国公。贤力毗伽公主也以云

第四章　那一人

中郡夫人，而不是突厥和亲公主的身份来到了长安。好景不长，阿史德觅觅因通敌被诛，云中郡夫人也受到牵连，被充入宫闱罚作奴婢。

开元十一年（723），突厥再次兴盛，此时掌权的是毗伽可汗。他再次向唐请婚，求娶一位大唐的公主。

"圣渥曲流，齿妃嫔之幸女；住天恩载被，礼秦晋于家兄。"[1] 唐玄宗李隆基赦免了贤力毗伽公主的连坐之罪，同时还准许她与在长安的兄长墨特勤团聚，并赏赐她金银财宝、绢帛衣服，但这一切其实都是为了此后赐婚她与前来请婚的堂兄弟毗伽可汗。

"棠棣未花，遽风霜之凋坠。"贤力毗伽公主的胞兄死于毗伽可汗之手，亲兄墨特勤与毗伽可汗曾有战争。公主与可汗既是亲人，也是血仇。一面是再也回不去的故乡，一面是从来容不下她的李唐。她面前的唯一选择便是用死亡表达自己的决绝，这时候的她，不过才二十五岁。

她给自己的孩子取名为怀恩，可她的一生连短暂的幸福都未曾有过。人生至此，天道宁论。

---

[1] 参见《关中金石文字存逸考》卷三。——编者注

宦官的母亲

你可知道，做宦官的母亲是一种怎样的体验？相信武威郡夫人段氏非常有发言权。她有六个儿子，其中一半儿子是宦官。其实，段氏的丈夫闾重光也是宦官，子女们也都是养子养女，并非亲生。

所谓不孝有三，无后为大，大唐虽然以兼容并包著称，但于"孝"之一字绝不退让。在"孝"的问题上，宦官的压力尤其大。但现实条件确实不允许，怎么办才好？

唐朝宦官的解决方法是娶妻、认"假子"，以组建家庭。说起来，宦官娶妻养子传统由来已久，最有名的养子当数东汉末年的曹操。

当时，宦官娶妻尚颇受诟病，认为他们"威侮良家"。但到了唐朝，宦官娶妻已被人们普遍接受。据学者统计，唐代有超过一半的宦官有妻子，有的甚至不止一个。

段氏的丈夫闾重光便不止一位妻子，墓志载段氏去世时"姨母等哭叫如雷"，此处的"姨母"便是古代对父亲之妾的称呼。

社会风气允许宦官娶妻纳妾，但不允许宦官的妻子改嫁。很多宦官的妻子出嫁时不过青春少艾，丈夫死后也正值年华，却仍然得不到自由。这位夫人段氏便是如此，墓志载她"将军在日，非贤不举；一从孀处，唯训是行"。她的养子们极力称赞母亲为夫守节的情操。可段氏一腔的孤苦只能托付释氏，奉

第四章　那一人

敬佛门，成为虔诚的佛教徒。

元和六年（811），段氏寿终正寝，享年六十有二，她的养子们将她葬在她的宦官丈夫身旁。然而，这并没有终结：段氏的四个养女后来竟也都嫁给了亲近君主之人——宦官。

深宫无名氏

除了前面叙述过的墓碑和墓志，唐代还有一种墓志，是专为宫女而立的。

一般来说，墓志会镌刻墓主姓名、籍贯、寿数、卒地、葬地、生平等。宫女的墓志是由宫廷有关部门专门负责的，"有司备礼而为铭曰"，墓石上提前刻好宫女的讳、字、州、县人以备用。

这乍一看似乎很有人情味儿的举措，却处处透露着他们对这些女子的漠不关心。因为这些预留出来的空格，几乎不见有填写。

宫女何名？不知。

哪里人？不知。

寿数几何？春秋若干。

卒于何处？某所。

葬地？某所。

大多数的墓志通篇含糊而过，即使做到二品宫女又如何，依然是"不知何许人也，莫详其氏族"。

《大唐故亡宫六品志》拓片（局部，现藏于千唐志斋博物馆）

长安四年（704）十一月二日的一方亡宫墓志志文，记墓主"春秋七十有六"，而志末一行又记"亡宫七品一人，春秋年六十一"。这自相矛盾的记载竟然是用旧志石磨改重刻，未将旧石上的文字磨尽导致。

可怜的宫女，连一块属于自己的墓志石都得不到。活着的白头宫女尚且还有诗人为她们作诗惋惜蹉跎流年，而死去的宫女只有一句："亡宫者，不知何许人也。"

长安，是最好也是最坏的地方。它既包容又刻薄，既光明又黑暗。它既是希望之城，也是失望之城。她们面前有她们渴

第四章　那一人

望的一切，她们面前又一无所有。

但即便如此，我们唯一知道的是：那些被历史埋没的女子，同现在的我们一样，无论如何雨打风吹去，都至少曾在这座城中努力地活过。

秦始皇的"手办"军团

⊙ 之浔

我现在问问你,如果要给秦始皇贴标签,那么会有哪些呢?天选之子、直男、强迫症、霸道总裁,还是骨灰级"手办"玩家?答案大概会五花八门,毕竟一千个人眼中有一千个哈姆雷特。但至少有一个标签,大家都没有争议,那就是——骨灰级"手办"玩家。

秦始皇拥有数量庞大、种类繁多的"手办"。在这些"手办"里,最拉风的莫过于他的帝国军团了。这支虎狼之师跟随着他,"西涉流沙,南尽北户。东有东海,北过大夏",缔造了巍巍大秦帝国。

秦始皇陵一号坑

第四章　那一人

如今，他们依然严阵以待：千人千面、兵种分明、职级明确。下面就让我们来认认他们都是谁。

立射俑

立射俑

出土位置：秦始皇陵兵马俑二号坑。

外观：身着便装，不着铠甲。腿扎行縢[1]，脚蹬方口齐头尖履。无冠无头巾，头发统一梳成上翘的锥髻。

1　行縢，亦名"邪幅"，是古代军士在小腿上缠绕的裹腿布。——编者注

《吴越春秋》记载:"射之道,左足纵,右足横;左手若附枝,右手若抱儿。"因其前腿微弓,后腿紧绷,可推断是作射击姿势。

装备:弓弩。

兵种:轻装步兵。

技能:作为前锋,射击在前。

爵位:一级公士。

跪射俑

跪射俑

出土位置:秦始皇陵兵马俑二号坑。

外观:身穿齐膝长襦,外披铠甲,脚蹬方口齐头翘尖履。

头发统一梳成上翘的锥髻。左腿曲蹲，右膝着地，双手做持弓弩待发状。

　　装备：弓弩。
　　兵种：重装步兵。
　　技能：和立射俑共同组成弩兵军阵，轮番射击。
　　爵位：一级公士。

一般武士俑

战袍武士

　　出土位置：秦始皇陵兵马俑一号坑、二号坑、三号坑。
　　外观：战袍武士俑身着便装站立，腿扎行縢，梳发挽髻。铠甲武士俑一般都是身披铠甲站立，腿扎行縢。一部分将头发梳成长辫，贴在脑后；一部分戴着麻布做的介帻。

装备：弓弩、长兵器（戈、矛、戟、铍、殳等）、短兵器（短剑、弯刀、金钩等）。

兵种：步兵、车兵。

技能：战袍武士俑位于阵表，作为前锋对敌人进行远距离攻击，作为后卫和侧翼兵防止敌人偷袭。铠甲武士俑位于阵中，和其他兵种协同作战。

爵位：战袍武士是一级公士，铠甲武士是二级上造。

骑兵俑

骑兵俑

第四章 那一人

出土位置：秦始皇陵兵马俑二号坑。

外观：身着长及膝盖的上衣，外披短小的铠甲，无披膊，足蹬皮靴。一般可见头戴圆形小帽，帽上带扣，紧紧系在颌下。一手牵马缰，一手做持弩姿势。

装备：弩。

兵种：骑兵。

技能：四骑一组，三组一列，八列一纵队。作为机动兵力，配合战车和步兵作战。

爵位：未知。

御手俑

御手俑

出土位置：秦始皇陵兵马俑一号坑、二号坑、三号坑。

外观：头戴单板长冠，外披铠甲，甲衣的双肩无披膊。双臂前伸，双手作揽辔状。

装备：无。

兵种：车兵。

技能：控制战车，并在统帅受伤后负责执掌指挥工具"金"与"鼓"。

爵位：至少是三级簪袅。

车左右俑

车左右俑

第四章　那一人

出土位置：秦始皇陵兵马俑二号坑。

外观：身穿交领长襦，外披铠甲，甲衣的披膊较短，仅盖住肩部。头发统一梳成上翘的锥髻。左（右）手作持长兵器状，右（左）手作按车状。

装备：戈、矛等长兵器。

兵种：车兵。

技能：保护御手，并作为战车作战的主力，与侧方敌人格斗。

爵位：未知。

下级军吏俑

下级军吏俑

出土位置：秦始皇陵兵马俑一号坑。

外观：头戴单板板冠，部分着便装，部分着铠甲，但甲衣上没有彩绘花纹。

装备：剑、戈、矛。

技能：指挥士兵作战，协同作战，沟通中级军吏和士兵。

爵位：未知。

中级军吏俑

中级军吏俑

出土位置：秦始皇陵兵马俑一号坑、二号坑。

外观：身穿长襦，外披铠甲，脚穿方口齐头履，头戴双板

第四章 那一人

长冠。在挖出时，他们的铠甲是带彩色图案花纹边饰的护胸甲，背部没有护甲；也有些铠甲是前后摆平齐的带彩色图案边饰的鱼鳞甲。右臂自然下垂，半握拳，左手作按剑状。

装备：剑。

技能：作为基层军官，负责纵队里的一个分队。

爵位：比御手高一点，低于将军。

将军俑（高级军吏俑）

将军俑

出土位置：秦始皇陵兵马俑一号坑、二号坑。

外观：身穿双重长襦，脚穿方口翘尖履，头戴双尾鹖冠。挖出时身着铠甲，铠甲为彩色鱼鳞甲，双肩及前胸后部有花结。双手交握置于腹前。

装备：铜戈、剑等。

技能：作为基层军官，至少掌管一个纵队。

爵位：七级公大夫或八级公乘。

兵马俑都不戴头盔。据历史学家考证，这是为了在战场上显示英勇的气势，从气势上压倒敌人。《战国策·韩策》记载："秦人捐甲徒裎以趋敌，左挈人头，右挟生虏。"在军功爵制运行下，秦军看见敌军，就像看见了"行走的军功"和大好的前程。

他们赤膊上阵，左手提着人头，右胳膊下夹着俘虏。如此生猛的样子，估计六国军队看了都要惊叹。但是，兵马俑里没有活人，也真的没有项少龙。

最后补充一句，2019年12月，考古学家又发现了下下级军吏俑，因其从下级军吏俑中划分出来，目前尚无相关资料，故不列入文中。

第四章　那一人

古代文人喜欢在哪里，古画告诉你

⊙ 王涵

生活在今天的我们，如果想要亲近自然、体验山水，只能选择在节假日出行，还要忍受交通的拥堵和巨量的游客。不过，古人可没有这样的烦恼，因为他们总是喜欢落户安家在自然山水之中。

从许多书中可以看到，古代文人不能施展政治抱负之时，往往会退隐林泉、寄情丘壑，以参禅悟道和描山绘水为乐。而画中所描绘的山水胜地，往往既是此画的画名，又是作者的斋名或别号。这也许是因为画者一时不想动脑，也许是因为潮流所向，但更有可能的应该是，画者太爱自己的别业居所了，所以就统一称谓，以表喜好。

2013年，我们古人对自家砖瓦草木的这份意切情深，还漂洋过海地感动到了美国友人文以诚，他将这类山水画称作"地产山水画"。这听起来既时髦，又有一种置业在诗和远方的文艺范儿。

"文人画鼻祖""宋画第一人""元四家之首"，这几个名号既响亮，又能在挥毫运墨之间给自家宅院刷足画史的"存在感"，展示出一种风雅的"炫富"技能。

王摩诘诗画为媒，寄情辋川

虽然"地产山水画"听起来挺时髦，但早在唐代就已被著名诗人王维（字摩诘）纳入了习画日常。

我们知道，王维是个文艺宅男，周末不上班的时候就喜欢宅在自己的辋川别业，写写田园诗，画画房子。辋川别业的前身实则是唐代另一位诗人宋之问的蓝田山庄。当宋之问把山庄转手给王维时，山庄已是一片破败荒凉的景象了。不过，这位王右丞不仅有权、有钱、有品位，还很会娱乐。他利用业余时间，将自己的审美趣味自然地渗透到山川峰麓的走势之中，竟然在绵延近二十里的辋川山谷中营建了二十处景点。

《辋川图》摹本（局部，现藏于台北故宫博物院）

第四章　那一人

辋川别墅建成后，王维就积极拉人组局：孟浩然、裴迪、元二[1]等经常被他邀请到别业里吟诗作画。其中以辋川二十处景点为诗名的五言山水诗集《辋川集》以及被后世广泛推赏的《辋川图》就是他们的文艺成果。

然而，同样是唐代久负盛名的大诗人——李白却从未造访过王维的辋川别墅。按理说，两人作为当时文坛上的才华双星，且都和唐玄宗的妹妹玉真公主有过交集，又有孟浩然、王昌龄、杜甫这些共同好友在中间撮合，完全可以组合成"地表最强战队"，怎么可能没有交集呢？

但历史上还真就没有记载过这两人的任何交谊。所以，这两位很可能是因为性格迥异、文风不同，导致互相看不顺眼。毕竟文人相轻，自古有之。

言归正传，大多数人对王维的认知更多来自他的诗人身份，然而五代至明清之际，王维的人设主要还是风流潇洒的文人画鼻祖。尤其是业余文人画家，他们不但崇拜王维的笔墨丹青，还非常羡慕他那乌托邦式的辋川游园，所以王维就成了他们心中实力与名气兼备的男神。

虽然王维自己描绘"地产山水"的辋川真迹早已不复存在，但流传下来的临摹本和仿古本层出不穷。比如五代的郭忠恕、宋代的赵伯驹、元代的赵孟頫、明代的沈周、清代的王原祁等都是

---

[1] 元二即元常，因在兄弟中排第二，故王维称其元二。——编者注

王维的迷弟，也都相继临摹过《辋川图》。甚至中国山水画史上还形成了一种"辋川现象"，其流行程度堪比现在的"女团风"。

［元］赵孟頫《临王维辋川诸图卷》（局部，现藏于英国大英博物馆）

可惜的是，由于山水画在唐代的风靡程度远不及人物画，所以可追述的原创"地产山水画"也仅限于王维。更扎心的是，即便到了宋初，很多士人都没有固定居所，所以就算文人画家有心模仿王维画"地产山水"，也缺少合适的表现素材。

李公麟与世无争，畅游龙眠

当历史演进到两宋时，山水画和花鸟画终于取代了人物画的社会地位。此时李公麟《龙眠山庄图》的出现，及时地让画家们渡过了"地产山水画"的难关。

第四章 那一人

苏轼用"诗中有画,画中有诗"来肯定王维的诗画形神兼备、栩栩如生,与其感情深厚的弟弟苏辙则是在《题李公麟山庄图并叙》中直言:"以继摩诘辋川之作云。"

[北宋]李公麟《龙眠山庄图》(局部,现藏于台北故宫博物院)

李公麟出生在安徽舒城的一个名门望族,自幼家里就给报了很多"兴趣培训班",因此受到了良好的艺术教育。但李公麟的仕途进阶并不顺利,再加上身体多病,所以从仕三十年也只做到六品朝奉郎,之后便病退还乡了。

和许多文人一样,李公麟并不留恋尔虞我诈的官场,更向往道然物外的山林野趣。于是龙眠山庄就成了李公麟放飞自我的新天地,并且他还"占地为王",自称"龙眠居士"。

李公麟的社交能力很强，无论是主张变法的王安石，还是王安石的政敌苏轼，都能和他一起愉快玩耍。想象一下，这几位"北宋背诵默写天团"的大人物，聚在一起吟诗作画，那真是千古名场面了。而李公麟可能也是为了纪念这段友谊，所以就在《龙眠山庄图》中画了很多雅集场景。

尽管遥远的北宋没有柔光双摄可以照出大咖们的美，但别忘了龙眠居士可是擅长山水、人物、鞍马多种画科的"宋画第一人"。对李公麟而言，要生动地画出结社、濯足、品茗、赋诗这些聚会的场面，是很容易的。

在构图上，《龙眠山庄图》不仅借鉴王维著名的《辋川图》，还增加了二十首诗对应山庄的二十处景致。

但是有关《龙眠山庄图》的题诗，并不是李公麟所作，而是其好友苏轼为之记、苏辙为之赋、黄庭坚为之咏。李公麟常年混迹在文人雅士的圈子里，也会作诗。但他应该深知自己的文学素养远不及绘画才能，更无法比肩王维，所以"文采不够，朋友来凑"，结果就是"众筹"出了很多佳句。

也正是因为二苏兄弟和黄庭坚经常出入龙眠山庄，所以那些附庸风雅、跟风求画的人都拿李公麟当"电动孙悟空"，换着法儿地想给自己点播个"七十二变"。李公麟不胜其烦，但又碍于自己文化人的偶像包袱，所以只能自顾自怜地感叹道："我作画就像诗人作诗一样，只是为了抒发情感而已。无奈世人并不理解我，他们只是想求画赏玩罢了！"

第四章 那一人

黄子久远离尘嚣，归居富春

提到"元四家"之冠黄公望（字子久），可能多数人首先想到的就是《富春山居图》了。此画完全可以代表黄公望一生绘画的最高成就，当然最重要的是此图还被演绎成电影《天机·富春山居图》。

不过，同样是描绘自己隐居住所的"地产山水画"，《富春山居图》中的休闲场所却没有像《辋川图》和《龙眠山庄图》那么多。这主要是因为古代家居装修需要大量钱财，而黄公望真的是心有余而力不足。

令黄公望欣喜的是，《富春山居图》从它诞生那天起，就一直很受欢迎。第一个收藏《富春山居图》的人是黄公望的道门好友无用师。无用师是个道士，当他看到《富春山居图》时，内心立刻蠢蠢欲动。因为太担心别人会抢走自己心爱的画，所以他就想到收藏实名制的办法，硬是让黄公望在《富春山居图》的题跋中清楚写明，此画归属于无用师。

之后的百年里，《富春山居图》又辗转多人，其中不乏沈周、董其昌等画史名流，但到了明朝收藏家吴洪裕的手里，却差点"夭折"。这个吴洪裕"人狠路子野"，非常喜欢《富春山居图》。即便在他逃难的时候，也是宁愿放弃金银财宝，也不愿丢下《富春山居图》。甚至当他在年老病危之际还要败家地烧了此画，为自己殉葬。幸好他的侄子迅速将画从火里抢了出来，此画才幸免于难。

黄公望本不姓黄，而是姓陆。他幼年父母双亡，家族族长将他过继给了温州九十多岁的黄氏做继子，才改姓黄。等黄公望长大后，又值宋元更迭，即便才华横溢，也没能得到重用，只做过一个地方小官。因为上级领导的贪婪腐败，无辜的黄公望身陷囹圄。经历过宦海沉浮，四十七岁出狱的黄公望心里很清楚世态炎凉，于是远离朝堂是非，一度以卖卜为生。后来甚至加入了全真教，归隐了富春山，经常与道徒隐士在一起策杖行旅，参禅悟道。可见，黄公望本人的运气不如他的画好。

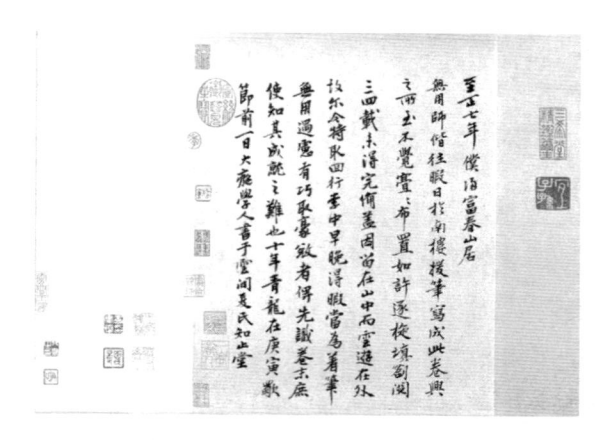

［元］黄公望《富春山居图·剩山卷》（局部，现藏于浙江省博物馆）

第四章　那一人

［元］黄公望《富春山居图·剩山图》（局部，现藏于浙江省博物馆）

［元］黄公望《富春山居图·无用师卷》（局部，现藏于台北故宫博物院）

其实《富春山居图》就是他和无用师从松江回富春的途中一时兴起而作。不过，此画的创作曾多次中断，直到黄公望八十二岁高龄时还未最后完成。也正因为如此，所以我们从《富春山居图》卷首用笔的细致和缓到卷尾用笔的奔放洒脱，可以明显看出作者心境由拘谨向豁达转变。石涛有句："墨海里立定精神，混沌里放出光明。"此言正适于评价黄公望在艰难岁月中，精神和艺术上所获得的双重胜利。

后世，《富春山居图》的临摹本众多，其中《子明卷》（即乾隆所称的《富春图》）颇有后来者居上之感。乾隆时期，真品《无用师卷》和赝品《子明卷》皆被其所得。其中《无用师卷》被其束之高阁五十余年，《子明卷》则被随身携带五十余年。而且《子明卷》上被乾隆题写了足足五十五处题跋，可见乾隆对其之喜爱。乾隆的题跋令《子明卷》受到了破坏性的损毁，历史和他开的这个天大的玩笑，才令真正的《富春山居图·无用师卷》留存至今，能让我们一窥全豹，也是令人欣慰的。

第四章 那一人

《子明卷》(局部,现藏于台北故宫博物院)

虽然今天已经难再寻觅当初"地产山水画"中所描绘的私人府邸踪迹,但画者寄托在屋舍观宇和云海松涛之间的人文情怀,依然值得我们去画中山水寻幽探胜。毕竟古人超出形骸之外的精神蕴藏的确能给我们这些"打工人"一些清新的心灵启迪。

六位相亲烦恼者

⊙ 黑逗

七夕佳节如何过？已婚或正在热恋中的人，或许早已想好了浪漫的方式。而没有恋爱对象的，则尽情享受着一个人的快乐。还有的，虽然今年的七夕节形单影只，心中却暗暗赌咒发誓：等到明年七夕，一定要和爱人一起过节！为了达到目的，很多人选择了相亲。但是，相亲有风险，让我们请出古代六位相亲烦恼者，说出他们的故事。

徐吾氏，女，春秋郑国人

从小就有人夸我长得好看，长大以后，要和我相亲的人更是踏破了门槛。然而想要和我见面，必须先过我哥哥——郑国大夫徐吾犯这一关。哥哥为我精挑细选，最后只剩下两个人：下大夫公孙楚和上大夫公孙黑。两个人不仅长相、家境相差不远，还都给我哥哥送了很贵重的礼物，实在难以抉择。哥哥和他俩商量后，又问了我的意思，最后竟然同意由我自己选夫婿！于是，公孙楚和公孙黑约定了时间，要一块儿来我家表现一下。

两个人来的那天，公孙黑穿得特别漂亮，带了一大堆礼物，

第四章 那一人

放在我家客厅；而公孙楚则是一身戎装，在院子里表演了射箭，之后跳上车，离开了。我人虽在房间里，心却飞到了公孙楚身上。他身着戎装是那样英俊，拉弓射箭的样子是那样帅气，他的箭术是那样高明，他跳上车时的身手是那样敏捷。这才是个男子汉！至于公孙黑，仅凭锦衣华服和贵重的礼物，就想打动我？我告诉哥哥，虽然公孙黑打扮得很出众，但公孙楚才是真男人！我要嫁给公孙楚！

然而，正当哥哥紧锣密鼓地为我操办婚事时，传来了不幸的消息：求爱失败的公孙黑不甘心，竟然在衣服里穿上皮甲，偷偷带上武器去找公孙楚，想要杀死情敌。公孙楚一怒之下，把公孙黑打伤了，因此被流放到吴地。[1]

范晔，男，南朝宋人

你们应该读过我写的《后汉书》吧？这可是一部被一千多年后的陈寅恪先生称赞为"体大思精，信称良史"的著作。我自己也觉得我才华横溢、才高八斗、才气逼人。可惜，我的个人生活只能简单地用两个字概括：缺爱。

我出生于顺阳范氏家族。顺阳范氏兴起于晋代，虽然不能与清河崔氏、琅邪王氏这些高门相比，但凭借世世代代的学问

---

[1] 参见《左传·昭公元年》。

积累，再加上族中前辈不乏锐意进取之人，到我出生的时候，也算是当地望族了。

据说，我母亲是在上厕所时生下我的。当时我的脑门正好磕在厕所的砖头上，磕了一个小口子出来。母亲看着我脑门上的伤口说："这孩子，小名就叫'砖'吧。"小时候，我还不觉得这个小名没有什么，长大以后才觉得有些别扭，但一切已改不了，便只能用"俗名好养活"之类的说法安慰自己了。

不知是不是因为出生的时候磕着了，我越长越难看，又矮又胖又黑。但孟子说得好："食色，性也。"即使是颜值不那么高的人，到了年龄，也难免春心萌动。可惜的是，我在女生中的名声好像也不太好。起初我并不担心，因为朝廷很重视我们范氏，如果大龄未婚，朝廷会指婚。可到了我这里，陛下居然认为我名声不好，长得又难看，就不给我找老婆了。我琵琶弹得好，所以坊间有传闻，说陛下对我有意见是因为他屡次暗示想听我弹琵琶，我假装没会意，一直不弹。这纯粹是谣言！上次宫廷宴会，陛下还对我说："朕今天心情愉悦，想高歌一曲，范卿也弹奏些琵琶曲吧。"我哪敢不遵从圣旨，连忙弹了一首。陛下的歌唱完了，我就停止演奏，配合得很好。

我朋友孔熙先对我说："你门第也不低，朝廷为什么不给你指婚？分明是不把你当人看。对于这样一个朝廷，你还为它卖命干什么？"孔熙先的意思是，我们除掉陛下，自立门户，以后再也不用受这些气。我觉得他说得有道理……哎呀，孔熙

第四章　那一人

先又来信了,我要招兵买马了,先不说了。[1]

窦怀贞,男,唐朝人

我原配夫人死得早,年轻的时候,又一心扑在工作上,再婚的事自然要往后拖,最后拖到陛下也看不下去了。

有一年除夕,陛下夜宴群臣。正吃饭的时候,陛下突然对我说:"听说你现在还没有娶妻,朕很忧心,特意为你选了个新夫人。正好今天是除夕,你俩就把婚礼办了吧。"

这飞来的喜讯让我一时间只会谢恩了。不久,许多内侍举着烛台、锦帐、宫扇等从西廊走出,我的新娘就站在宫扇的后面。皇帝让她与我对坐,又让我现场作了好几首《却扇诗》。我一边作诗,一边欣赏着新娘华丽的衣装,想象着宫扇后面该是一张怎样娇美的脸呢。总算念完了最后一首诗,宫扇缓缓移开……

我的新娘为什么是一个看起来干过很多体力活的中年女人?这时,我身后传来陛下爽朗的笑声:"她是皇后的乳母王氏,婢女出身。朕现在就封她为莒国夫人,怎么样?和你还算般配吧?"

这样一来,我就和皇后攀上亲戚了,还是很合算的。乳母的丈夫还有个专门的称呼叫"阿赨",日后我上疏言事,就款

---

[1] 参见《宋书·范晔传》。

署"翊圣皇后阿孨",这多有面子![1]

罗隐,男,唐末五代人

和范晔兄一样,我也是以文才著称的。同样,我也在个人问题上遭遇过挫折。

我平时喜欢写诗和论史。当时的宰相郑畋就很喜欢我的诗,而且我们也经常见面。有一次,他神秘地问我个人问题。

我当时确实单身,便仔细问了他什么情况。原来,郑畋的女儿也到了适婚年龄。郑畋发现,她每天都在房间里读我的诗,时不时还朗诵几句,估计是透过诗句爱上了我,就想让我到他家里去做客。名义上为做客,实际上必为相亲。这是天大的好事啊!到了相亲的那天,我兴冲冲地到了郑家,和郑畋吃吃喝喝谈谈讲讲,自我感觉表现得很不错。想必郑小娘子正暗中观察,说不定已经芳心暗许了。

然而,拜访过郑宅之后,郑畋居然跟我说,他女儿嫌我长得太丑,不想和我成婚。他居然就听了他女儿的话。并且,郑小娘子见过我的面之后,连我的诗也不读了。[2]

---

[1] 参见《资治通鉴·唐纪二十五》。
[2] 参见《旧五代史·罗隐传》。

第四章　那一人

匿名青年，男，北宋人

放榜那天，我正在美滋滋地看榜，突然旁边冒出十多个仆役模样的人，他们一边七嘴八舌地劝我跟他们走，一边把我生拉硬拽出人群。我听说最近流行"榜下捉婿"，估计又是哪个富商或大官在用这种方法找女婿。可惜，我已经有家室，只能尴尬而不失礼貌地拒绝着。

我被那群仆役簇拥，不急不慢地走着。街上的人见到我的神态，以为这次"榜下捉婿"肯定成功，于是跟着我的人越来越多。终于，大家来到一所气派的大宅子前，仆人让我稍等。不一会儿，一个权贵模样的人出来，见了我就说："我年纪不小了，膝下只有一个女儿，长得也不丑，现在想把她许配给你，你觉得怎么样？"

我想：姑且不论我已经结婚了，你作为女方家长，至少应该选一个你自己比较了解的人当女婿吧？你现在只知道我参加了进士考试，但我是什么样的人，出身于什么家庭，你了解吗？太荒唐了吧！

我深鞠一躬道："小的这种出身寒微的人，能够进入豪门，真是荣幸至极。您先等一会儿，待小的回家和贱内、犬子商量一下，再给您答复，怎么样？"

我至今都记得围观群众那响彻天际的笑声。[1]

---

[1] 参见《遁斋闲览·商婿》。

凌景阳，男，北宋人

同样是北宋进士，我就没有上面那位小哥天资好。我寒窗苦读多年，才考上进士。然而，人的精力是有限的，把生命的前几十年都用来读书，终身大事就得耽误。所以，当别人家的娃都会打酱油的时候，我依然单身。

不过，学历真的是敲门砖。考上进士以后，汴京城里开酒店的大户孙氏很快找上门来，希望把自己的女儿嫁给我。我一开始很高兴，但是后来一想：说亲的时候，不免会问到年龄。要是人家知道了我的真实年龄，会不会嫌我年纪太大，不把女儿嫁给我了呢？于是，我狠下心谎报年龄，把自己说小了五岁。未来的岳父一听大喜：那与我女儿正相配呀！我女儿如花似玉，正是谈婚论嫁好时候……我俩越说越投机，这门亲事就这样愉快地决定了。

然而，在洞房花烛的时候，这愉快的心情就结束了。烛光摇曳中，我看着刚娶回家的夫人，越看越不对，怎么没有想象中那样年轻呢？仔细盘问才知道，孙氏说亲的时候，把自己女儿的年龄说小了十岁。[1]

传统的婚恋可能并没有人们想象的那样幸福。中国古代，

1　参见《江邻幾杂志》。

第四章　那一人

婚姻大多遵从"父母之命，媒妁之言"，真正结为夫妇的男女双方，可能在婚前并不了解彼此，甚至连面都没见过。古代的不少爱情、婚姻悲剧，正是因此造成的。而在恋爱自由、婚姻自由的现代，虽然有很多人因为种种原因，暂时没有遇见属于自己的爱情，亲密的恋人之间也难免争吵，但至少，我们保有了一方属于自己的情感天地。

大清皇子的日常

⊙ 白虎山人

我们可以说，皇帝的儿子一生下来就站在了金字塔的顶端。然而，他们光芒万丈的外表下，其实也掩藏着令人惊奇的悲惨生活，甚至这种生活从出生那一刻起就已经注定。

童年？没来过！

历史记载清朝旗人有"生而不养"的习俗，"清祖制，皇子生，无论嫡庶，一堕地，即有保母持之出，付乳媪手"。也就是说，小皇子一出生，就要被保姆抱走，交给提前挑选出来的乳母抚养。断奶以后，便从内宫送至阿哥所，由专门的保姆、乳母和太监们照顾，与其他皇子们一起生活。

从呱呱坠地起，皇子就不能跟母亲一起住，没有机会与自己的亲生母亲亲近，每年只能依清宫礼制与母亲见面，而且一年里见面的次数一只手就数得过来。母子俩相见时，也要按照规制来——言语交谈不能过多，更不要说像平常人家母子那样亲昵了。

因此可以说，十月怀胎便是皇子一生中与母亲亲密相处最久的时间了。

第四章　那一人

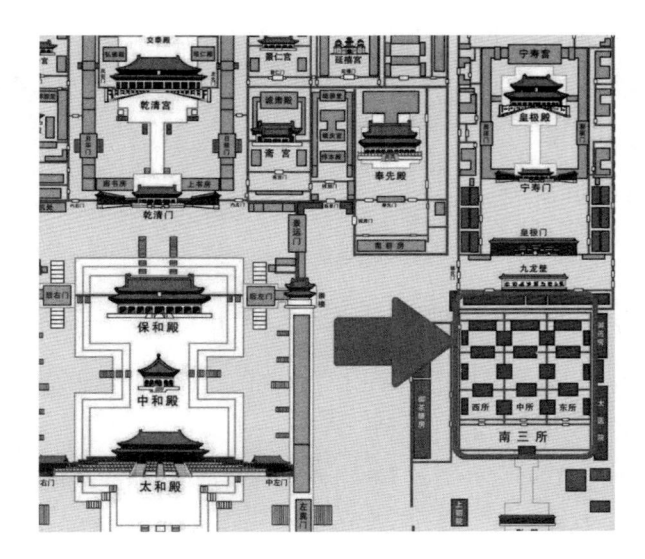

故宫南三所（即"阿哥所"）示意图

　　除了不能和母亲亲近外，更残酷的是小皇子刚学走路和说话的时候，就要开始学规矩。"至绝乳后，去乳母，添内监若干人为谙达，所以教之饮食，教之言语，教之行步，教之礼节。"[1]

　　小皇子还没乾清门的门槛儿高，便已有了一副皇家气度——门槛虽然自己跨不过，没关系，振振衣袖，由内侍从容地端过门去。这么萌的举动，小皇子依然要肃容、庄重举止。到了六岁，别人家小孩可能还在尿尿、玩泥巴，但对于从开口说话就

---

[1] 参见《清代野记》，《清稗类钞》亦有类似记载。——编者注

在学礼仪的皇子来说，他的童年也就到此为止了。皇子要在钦天监算出的开学吉时，穿戴上谙达准备的小冠、小靴、小袍褂，去上书房上学。

上课？不准懒！

清朝的皇帝们非常重视皇子教育。从乾隆在位时开始，便把皇子们上学的书房定在乾清宫东侧的"尚书房"，道光年间又改称"上书房"。

皇帝在乾清宫处理政事时，便能听到皇子们的琅琅读书声，时不时地还可以去上书房溜达一圈，偶尔还带着大臣一起去，检查一下皇子们有没有好好用功，兼任教学巡察组和教导主任的差事。皇子一旦调皮，就会被"叫家长"。而且，他们往往跟母亲又不熟，只能默默承受来自皇帝、教导主任和老爹的三重"暴击"。

那位写出名句"江山代有才人出，各领风骚数百年"的赵翼，也曾入直军机。在宫内值班到凌晨四点的时候，黑暗中隐隐望见有白纱灯一点，这便是皇子们前往上书房路上用来照明的灯光。

第四章 那一人

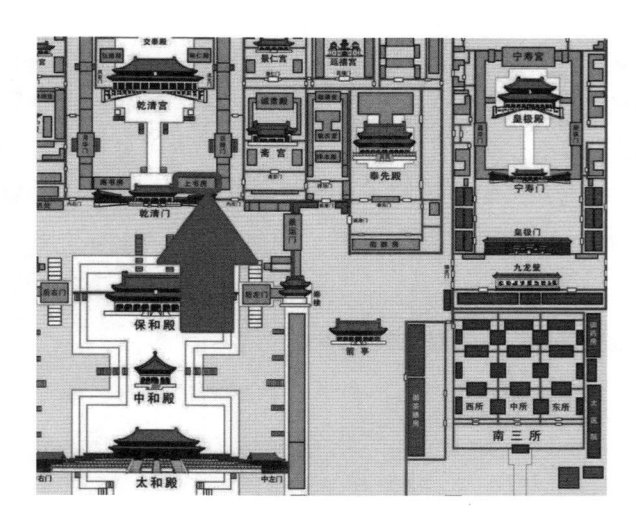

故宫上书房示意图

  皇子去上书房是"卯入申出",即凌晨五点上课,下午三四点下课,有时候师傅还要拖堂到五点。午间没有睡午觉时间,吃完饭接着上课。实际上,皇子们凌晨四点便要到上书房复习前一天的功课了。康熙皇帝曾规定,每一篇功课必须诵读一百二十遍。这么算下来,皇子们一天有十几个小时都在上课。三点钟下课,不过是结束了文化课的学习。接下来皇子们还要去上体育课,学习骑马和射箭。一年四季,无论寒暑,每天凌晨四点到上书房,太阳快落山了还在练射箭,可以说皇子们几乎没有个人时间。

  高考生的寒暑假能有几个星期呢?皇子们一年里只有端午、

中秋、春节、万寿节（皇帝生日）和自己生日这五天放假，即便是除夕也只是中午十一点提前放学，绝不放假。没有假期，那趁着师傅不在能偷个懒吗？不行！"乾清门每日夕进门单，某人某时入直，某时散直，或因事不至，皆一一注明。故侍读者工夫严密，无间断。"[1] 乾清宫门禁森严，几时进几时出，几时该来几时不来，都清楚地记录下来。皇子们读书的上书房，时时刻刻都有师傅当值轮班。

直至成婚、分府出宫，皇子们才能解脱此种苦难。可是，十多年的苦读下来，总感觉午夜梦回。已经做了亲王、郡王的前皇子们有时会冷不丁地半夜爬起来。福晋问皇子要干什么去，王爷一边急匆匆地穿裤子，一边喊："迟到了，迟到了，我得赶紧到上书房去！"

清代《崇庆皇太后万寿庆典》（局部，现藏于北京故宫博物院）

---

1 参见《养吉斋丛录》。

第四章 那一人

友谊的小船翻了！

六岁读书，每天不是之乎者也，就是孔孟老庄，还要满、蒙、汉三门语言同步学。性子还没被磨平的小皇子，感到无聊也是人之常情。

于是，大人们就想了个办法：给他找来伴读。而那些陪皇子读书的伴读，除了以后可以拍着胸脯说，我跟某某可是同学，还有一项"光荣"的使命——代皇子受责。

皇子不好好读书，师傅告完了状，转头就教训伴读。皇子们是金枝玉叶，不能轻易教训。但隔山打牛、敲山震虎总是可以的。比如溥仪小时候曾有一次蹦蹦跳跳地走进书房，听见师傅对坐得好好的伴读毓崇训斥道："看你何其轻佻！"无辜的伴读毓崇真是"人在书房坐，锅从天上来"。但就算不服，又能怎样呢？师傅们也很无奈，万一皇帝对教学成果不满意，那时候大难临头的就是师傅了。

乾隆皇帝曾特意下旨，命令上书房的师傅们督促调皮贪玩的怡亲王弘晓的学业。"着选派翰林官二员，为王师傅，用心教导，务令学业有成。倘王仍前怠惰，当竭力规劝教诫之。若劝诫不从，即奏闻于朕，候朕降旨。倘不能尽训导之职又为王隐过，朕必于该翰林是问。钦此。"[1] 这里的威胁绝对不是嘴上

---

[1] 参见《大清高宗纯皇帝实录》卷一。

说说而已，因为皇帝不满意，师傅真的会挨板子。

一次南巡途中，康熙皇帝抽查小皇子们的学业，结果十分不满意，认为是当时的上书房师傅徐元梦不尽心教诲，千里迢迢从临清发回一道谕旨：将徐元梦革职，当着全体阿哥之面，由乾清门侍卫杖笞三十板。可怜的徐元梦已年过半百，竟然当着自己八个学生的面，生生被人扒了裤子，在人来人往的乾清门前挨了一顿板子，一点儿都没留下师道尊严。

在这些前提下，即便皇子有心与老师、伴读结下情谊，也未必能换回一颗真心。

饿了？给忍着！

俗话说"民以食为天"，人民群众再穷苦，也能随着时令尝个鲜。谁能想到宫里的天潢贵胄们却从小连口饱饭都没吃上过。"光绪皇帝十岁上下，每至太监房中，先翻吃食，拿起就跑。及至太监追上，跪地哀求，小皇爷之馍馍，已入肚一半矣。小皇爷如此饥饿，实为祖法的约束，真令人无法。"[1]

老太监信修明曾回忆：光绪皇帝十来岁的时候天天吃不饱，往往饿得每次到太监房先找吃的，抓起就跑。一大帮太监赶紧去追，跪求小皇爷"口下留情"。

---

[1] 参见《太监谈往录》。

第四章 那一人

光绪皇帝

少年溥仪

　　溥仪在宫里也同样吃不饱。他六岁时吃栗子吃撑了,就被隆裕太后喂了一个多月的糊米粥。最后饿到太后给溥仪馒头干喂鱼时,小皇帝连想都不想,就把喂鱼的馒头干直接塞进自己嘴里。还有一次,各王府给太后送贡品被溥仪撞见。他直奔其中一个食盒,打开盖子一看,食盒里是满满的酱肘子,溥仪想都没想抓起一只就咬。跟随的太监大惊失色,连忙来抢。年幼的溥仪拼命抵抗无果,刚到嘴边的酱肘子就被抢走了。

　　后来他在自传《我的前半生》中回忆这件事时,还忍不住感叹:"好香的一只肘子。"

　　为什么不让皇子们想吃就吃呢?这主要是因为清宫里的大

夫给太监和乳母叮嘱，养小孩要节食并避风。但大夫并没有说明该怎样节食和避风。太监、乳母战战兢兢，唯恐喂坏了皇子而获罪，结果就是小皇子饿得直哭，也不敢多给一点食物。

忍饥挨饿的皇子稍微大一点，好不容易可以吃御膳房做的膳食了，以为终于能吃上一顿饱饭，结果发现生平吃过的饭里，就数御膳房的膳食最难吃。

现在一提起御膳房，总以为是宫廷美食最高境界的产生地。各种食材，各种花样，各路名厨，各种令人眼花缭乱的厨艺展示，想想就让人流口水。然而，实际上御膳房有专人负责记录皇上饮食，并在内务府备案：去年某月某日，所食菜品为何，今年今月今日，照单准备。每天四十八品膳食，皇上没一样满意，依然不改。美其名曰，怕皇上吃得太多而生病，又说老祖宗吃这道菜时便是这个味道，祖宗法度不能更改。御膳房就跟紫禁城门前的狮子一样，笑看你风云流转，我自岿然不动。

除了菜式陈旧外，御膳难吃还有一个原因：都是隔夜饭。御膳房分内外膳房。一般菜品先在外膳房烹饪完成，然后用挑盒送到内膳房。内膳房则备有炭箱数只，上有铁板。一切菜品均用粗瓷碗盛好，放在铁板上加温备用，随时候着宫中贵人的吩咐。

这些菜肴往往都是提前一天或半天做好，只待一声令下，便把这些一直烘着的膳食直接送到皇子的膳桌上。味道好坏姑且不说，紫禁城那么大，等从御膳房里端出来，再一样一样摆

第四章 那一人

到桌上，即便是火锅怕是也要凉透了。

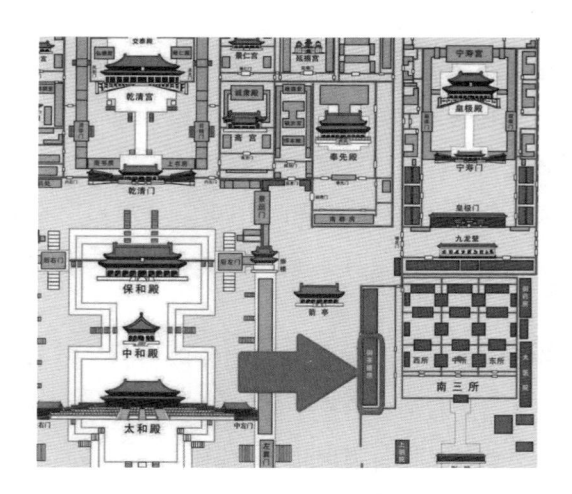

故宫御茶膳房（即御膳房）示意图

怪不得各地名吃都能跟清朝皇族扯上关系，吃得皇帝王爷们龙颜大悦，原来是他们打小就没吃过什么好吃的啊。

房子？抢不到！

经过了以上种种磨炼，长大成人的皇子早已成为人中龙凤。他们满心欢喜，只待分府出宫，径直去过自己的安逸日子。而且再也不用早起，不用吃御膳房的隔夜饭，美好前景触手可及。

然而，京城的"房源"并不是这几十年才开始紧俏。尽管皇子不用自己买房，是由朝廷包分配的，但是符合皇子府邸住宅标准的房子总是不够分。皇子皇孙越生越多，但京城内城就那么大，总不能把别人的房都拆了盖王府。整个清代，皇子的府邸数量持续紧张，以至于有的皇子成婚十几年，连自己的孩子都快上书房毕业了，还只能住在紫禁城里。

乾隆家的老八永璇，在乾隆四十四年（1779）才分到房子，这时候他已经成婚十八年了。而皇孙绵德分到房子时，也已经成婚十五年。

就算分到了房子，皇子们也不能掉以轻心，说不定什么时候房子就被自己的叔伯兄弟侄子侄孙抢走了。咸丰元年（1851），内务府觉得奕劻只是授封辅国将军，他住在亲王府与礼制不合，就上奏收回了府邸。奕劻的堂兄弟咸丰皇帝转手就把刚腾出来的宅子赏给了另一个堂兄弟恭亲王奕䜣。

经历过千锤百炼，一名大清皇子终于从这悲惨的生活中涅槃，成为独当一面的"帝国守护者"。但"祖宗法度不可变"的规定、御膳房百年来未曾变过的菜式、这百年沿袭的陈腐成长方式，终究无法挽回紫禁城黄昏下的帝国终结。

第五章

放大看

第五章　放大看

台北故宫博物院古画放大看

⊙ 薇薇安

昏昏欲睡的午后，如果你把台北故宫博物院的画放大再放大，便能瞬间清醒，简直有提神醒脑之奇效！现在就来猜猜，我们都能看到什么。

《应真像》

这幅元代宗教代表作，用巧妙萦回又不失匀称的笔墨，为我们勾勒了十八罗汉的生动样貌。

[元] 佚名《应真像》（现藏于台北故宫博物院）

《画闲看儿童捉柳花句意》

自古至今，孩子们都最爱追逐春风下的柳絮，南宋院体画家周臣用抒情的笔致，为我们展现了其乐融融的民间童趣图。不过，这些孩子的头身比和五官，怎么看也有三十来岁了。

［明］周臣《画闲看儿童捉柳花句意》（现藏于台北故宫博物院）

第五章 放大看

[明]周臣《画闲看儿童捉柳花句意》（局部）

《元世祖出猎图》

黄沙坡地上一行人正在狩猎，隐约有骆驼穿行，他们旁边还有兔子钻来钻去。

[元]刘贯道《元世祖出猎图》（局部，现藏于台北故宫博物院）

［元］刘贯道《元世祖出猎图》

要说这些人来头可不小，最中间的便是元世祖和他的爱妃。如果仔细看会发现，这两人圆圆的脸型简直一模一样。还有齐刷刷回头的动作，怎么看怎么有夫妻相。

第五章　放大看

《唐人宫乐图》

"三月三日天气新，长安水边多丽人。"杜甫刚哼起小调儿，后宫佳丽们就迫不及待地在自家客厅开起了茶话会。

［唐］佚名《唐人宫乐图》（现藏于台北故宫博物院）

她们衣着华丽，围坐于长桌前。除了拥有美貌，个个还身怀绝技。有位头上插着四只梳子的姐姐，正憋红了脸，假装淡定地吹着笙；另一位头戴花冠的姐姐，捏着兰花指，仿佛在说："来，让我来看看还有谁的小指没有跷起来。"

《捣衣图》

白描轻墨的勾勒下,是寒食节待字闺中的女子们井然有序捣衣的情景。不过,仔细一看,这哪里是捣衣,简直就是"表情包大赛"。

[南宋]牟益《捣衣图》(现藏于台北故宫博物院)

一位女生横眉怒目,简直要把手中的线扯断了去。另一位则淡定许多:天下就没有过不去的事儿。

如果有兴趣,你可以将《捣衣图》与后面的《书女孝经马和之补图》一起看,兴许你还能发现一些类似的地方呢。

第五章　放大看

《文会图》

下面，让我们换一块场地。这幅图中可见在池畔园苑的一方树荫下，文人墨客们正酣然畅饮。他们面容雅俊、举止文雅，悠然自得于一片欢乐祥和的气氛中。

［北宋］赵佶《文会图》（现藏于台北故宫博物院）

《书女孝经马和之补图》

这是宋代宫廷画家马和之，为《女孝经》所配的插图，图中记录了古代女性所遵循的礼仪孝道。

［南宋］马和之《书女孝经马和之补图》（现藏于台北故宫博物院）

［南宋］马和之《书女孝经马和之补图》（局部）

第五章 放大看

这幅画作设色清逸、笔墨精致，而且令强迫症感到舒适。那么，舒适到什么程度呢？我们能看到，一排排有序排列的圆凳、案几、香烛，不仅居中对齐，还间隔相等。

《无款人物》

画中可见有一位雅士正端坐于书房之内，他的身后还有一幅画像。我严重怀疑画家采用了现代的"复制、反转图像、移动"的技术。

［宋］佚名《无款人物》（现藏于台北故宫博物院）

《千手千眼观世音菩萨》

看完了前几幅作品，再来欣赏一下宋代千手千眼观音像吧。看这连成片的头、手和眼睛，作者怕不是"Ctrl+C"（复制）狂魔吧？

[宋] 佚名《千手千眼观世音菩萨》（现藏于台北故宫博物院）

第五章 放大看

话说回来，在那样一个纯手绘的年代，如此高难度的画面，也体现了古人们绘画技艺的高超和孜孜不倦的匠心。

《泼墨仙人》

恣意泼洒的笔墨，不出十笔，一位酒醉独行的仙人便跃然纸上。

［南宋］梁楷《泼墨仙人》（现藏于台北故宫博物院）

可是，画上明明是位潇洒脱俗的仙人，仔细看却有一种"真让人头大"的委屈感。

《江行初雪图》

在这幅图中，白雪纷飞的江畔，渔家们辛勤劳作的身影被渲染进淡墨色的画卷之中。

［五代］赵幹《江行初雪图》（局部，现藏于台北故宫博物院）

冬天下雪的江有多冷？这位瑟瑟发抖的捕鱼人非常清楚，但就默默地看着你不说话。

画中人身体力行地告诉你什么叫"用生命捕鱼"。岸边那两位艰难跋涉的渔人正默契地行走于严寒之中。

第五章　放大看

《题倪瓒像》

在这里，我们又看到了"元四家"之一的倪瓒，此时他正盘腿坐在床榻上濡笔展纸，似欲书写。比起他的隐士范儿，旁边这个小书童倒是有点儿潮。

［元］张雨《题倪瓒像》（局部，现藏于台北故宫博物院）

其实，那些陈列在博物馆中被"严防死守"的名画，并没有我们想象中那么遥不可及。相反，它们充满乐趣，还平易近人。

也许这正是与我们相隔千百年的古人们眼里的"可爱世间"。

莫高窟壁画放大看

⊙ 乙戌君

我们知道，敦煌壁画不仅美得令人心醉，还生动有趣。圣洁安详的菩萨和婀娜多姿的飞天是敦煌壁画中人们最熟悉的形象。不过，除了飞天和神佛，壁画还描绘了大量的世俗人物。他们或是供养人，或是故事画的角色。饮宴出行、农耕狩猎，这些现实生活的描摹也为壁画艺术增添了许多人情味和烟火气。

晚唐十字交叉座天平（莫高窟第 85 窟）

第五章 放大看

下面这幅壁画出自莫高窟第 285 窟南壁，壁画讲述了五百个强盗成佛因缘的故事。古印度摩揭陀国有五百个作恶无数的强盗被波斯匿王派兵征剿，他们被处以酷刑，放逐荒野。强盗们在山林间终日哀号。佛听说后，心生怜悯，便施法救治了他们。强盗们身体康复后，纷纷剃度出家，潜心修行，成无上正觉而登佛国。

五百强盗成佛（莫高窟第 285 窟）

盛唐踏青采绿（莫高窟第217窟）

　　上面这幅出自莫高窟第217窟南壁，属于《法华经变》中的化城喻品。讲述了一位商主带着一群人去远处求宝，因众人感到疲劳和恐惧，产生了半途而废的想法。智慧的商主便幻化出一座美丽的城市，又将它化为乌有，以此告诫众人只能前进，不能后退。最终他们到达宝地，取回珍宝无数。整个画面爽朗而有意境：山峦青翠，河流蜿蜒，风吹柳摆，山花烂漫。行人自远而近穿行其间，看起来不像是探险，反而像是一场随性的郊游。

　　儿童节期间，敦煌研究院曾解读过一组"古老壁画中的孩子们"。以第一人称为视角，讲述了那些年"我们"的快乐童年，

第五章 放大看

比如盛唐童子拜佛图。

盛唐童子拜佛（莫高窟第 79 窟）

是的，即使过了几百年几千年，调皮的男孩果然还是一样爱嬉戏玩闹。"那些年"的童年记忆不仅存在于壁画上，也同样存在于我们的时光里。通过敦煌壁画，我们看到童年快乐的古今相通。这一份温暖和触动也是昔日制作者带给当今我们的最大收获。

不得不让人感叹，敦煌果真是一个永远能带给人惊喜的艺术宝库。也许我们穷尽一生，也只能触及十之一二，但这份历经千年的风韵，会永远在历史的星空中熠熠生辉。

《清明上河图》放大看

⊙ 薇薇安

当城市高楼拔地而起,你是否还会记得儿时拐进弄堂,在路边买一串冰糖葫芦的乐趣?如今,虽然越来越多的路边摊消失在人们的视线里,但是"地摊经济"作为一种独特的经济形态,始终是中国人心中挥之不去的一抹记忆。当我们穿越历史,我们就会发现,不仅今天的我们无比怀念小时候那种逛路边摊的乐趣,就连古人也乐于此道。下面就让我们打开《清明上河图》,看看图中都有哪些路边摊。

若要论起古代人的小资生活,必须提及北宋。北宋年间,经济繁荣,国泰民安。那是一个"烟柳画桥,风帘翠幕"的时代,总有诗歌中"暖风熏得游人醉"的繁荣奢靡之景,以及街头巷尾深处那纵情声色的纸醉金迷之风。

地摊经济是北宋经济中不可缺少的,而作为当时"魔都"的汴京,到处兴建的商区、购物街、娱乐会所,无疑成了市民心驰神往的"网红打卡地"。北宋画家张择端所绘的传世名卷《清明上河图》,就为我们展现了一幅北宋的都市百姓逛地摊的日常。

第五章　放大看

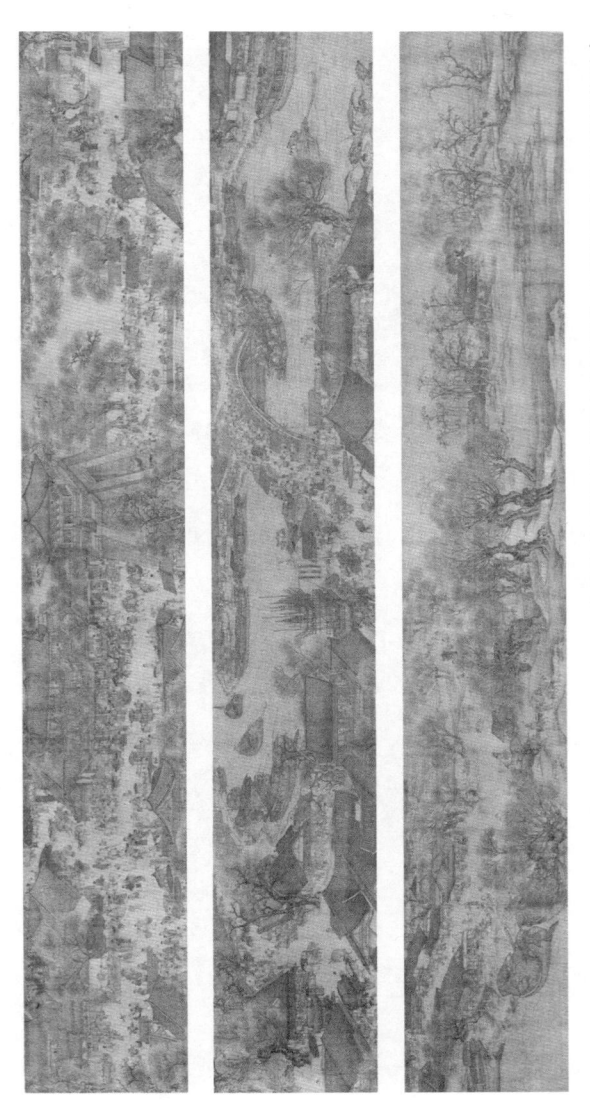

[北宋] 张择端《清明上河图》（现藏于北京故宫博物院）

[北宋]张择端《清明上河图》(局部)

你们看,大街上正有一位僧人装扮的老者,拍打着响板,招揽生意。

[北宋]张择端《清明上河图》(局部)

大遮阳伞下,是一家名为"香饮子"的店铺。说起来,"饮子"可是当时风靡北宋的饮料。从图中可看到,商贩正忙着向顾客推荐自家酿的饮子饮料。

[北宋]张择端《清明上河图》(局部)

上图这位头顶货架的男子看起来很奇怪,而且他还成功引起了旁边男子的注意。其实,他右手提的是一个折叠货物架。在拥挤的街道中,他迷茫地寻找着空闲的摊位。这样的小贩在全图中一共有四处,可见当时北宋地摊经济的繁荣。

[北宋]张择端《清明上河图》(局部)

上图酒店门口有个卖花的小摊,一位官家打扮的小姐正在向摊主询问价钱,身旁的女佣则抱着幼儿。汴京街头摊位种类的丰富性,也从侧面反映出当时北宋经济的发展水平。有钱人家的小姐们不仅仅满足于温饱,她们还想要买花和包,打扮自己,提升生活品位。

第五章 放大看

[北宋]张择端《清明上河图》(局部)

让我们再来看上图，这家路边小摊就不负责卖东西，只负责美容。一位娴熟的美容师傅正拿着一把刮胡刀，为爱美的男子修面。

比起其他摊位的门庭若市，下图这家私人盐铺则显得冷清。在北宋专卖收入中，食盐始终占据着主导地位。北宋政府通过变革盐法，以获取最大限度的盐利，保证国家的财政收入和支出。在当时，私人只要向官府缴费，就可以获得批准，在指定的地点摆摊贩售。但是繁华的地段是禁止售卖食盐的，因此，这位小贩只能在犄角旮旯里，独自称盐、分装、售卖。不过，从他脸上那一抹微笑可以看出，北宋的盐商收入应该不错。

[北宋]张择端《清明上河图》(局部)

[北宋]张择端《清明上河图》(局部)

第五章 放大看

北宋时期，医药行当是一个非常赚钱的行当。在中国封建社会，历朝历代都有专为皇家看病的御医。但是北宋末年，医馆滥授，导致很多赤脚医生也开起了医馆。上页图中就有一位江湖郎中。他没有营业执照，具体的来历也无从得知。只见他蓄着胡须，盘腿而坐，各式的膏药摆满了他的身边。为了招揽生意，他早已想好了一套说辞，此时，他正举着手，眉飞色舞地将自己的膏药说得神乎其神，引来市民的围观。此时，一位不知名的挑夫路过，他很是奇怪："这里发生了什么？……"

当时人们从医，并不是出于崇高的道德感，更不是觉得这是一份救死扶伤的职业。真实原因是，他们从中看到了商机，从而想要谋取更多的利益。这种"唯利是图"的思想，也从侧面反映出当时社会经济的发展水平。隋唐时期，只有读书考取功名才被认为是正途，而在宋朝这样一个经济发展迅猛的社会中，人们的选择也变得多元起来，思想自然更为开放。

［北宋］张择端《清明上河图》（局部）

上图的正中是虹桥，虹桥由木材修建而成，雄浑坚固，犹如飞虹，就连城市里最大的船舶也能畅行无阻。因此这一带成了汴梁的商业中心，形形色色过往的行人已将桥堵得水泄不通。有在桥上看热闹的，有赶着小毛驴的，有骑马遛弯的，也有坐轿子出行的。

但是仔细一瞧，已经拥挤不堪的街道，竟然还存在着许多小摊！如桥脚下，是一家售卖铁器的小摊，卖的都是一些小型的现成工具，这些宋代铁器一般用于农耕和军事。铁摊旁的遮阳伞下是一家鞋摊，鞋的种类有草鞋、布鞋等，分别依料取名。据说宋代也曾流行过皮制鞋，类似现在的皮鞋，估计鞋摊上应该也有。另外，伞的旁边依稀可以看到有客人正坐着试鞋。比起前两个摊位暗戳戳地在虹桥边摆摊，他们旁边那家绳索摊则更加明目张胆，他直接占据了虹桥的主要坡道，来往的车马、行人都要避让。

虹桥作为汴京的交通枢纽，迎送着南来北往的大波人群，其本身就狭窄，经常造成拥挤不堪的现象。然而这些小贩们却安然地在旁做生意，他们占着公共的街道，全然不顾通行的车马和行人，难怪虹桥每天都要堵车了。

从前面的叙述就能看出，《清明上河图》中所反映的北宋都城，其实并没有良好的城市规划。散落在街角的摊位、五花八门的招牌、推搡的行人以及横冲直撞的马车，甚至给我们造成一种凌乱感。

第五章　放大看

［北宋］张择端《清明上河图》（局部）

其实，这和当时北宋"坊市分离"的城市制度有很大关系。诗人白居易曾形容唐朝都城长安："百千家似围棋局，十二街如种菜畦。"想象一下，一座有如棋盘和划分好的菜田的城市是什么样子。

这种类似强迫症的设计，使唐代的城市总能传达给我们一种规整、方正之感。居住区和商业区的严谨划分，也使长安街头绝不会出现像汴京虹桥中"占道经营"的乱象。而到了北宋，街市蓬勃发展，越来越多的市民在街头摆摊位、做生意。而且官府比较支持这种行为，并不会对其严惩。可见，唐代严厉的坊市制度在一个新兴的时代已经失效，商业的力量引导着人们往人烟密集处聚集。人们竞相开设店铺，张贴广告牌，地摊经济也成了城市经济中一股不容小觑的力量。

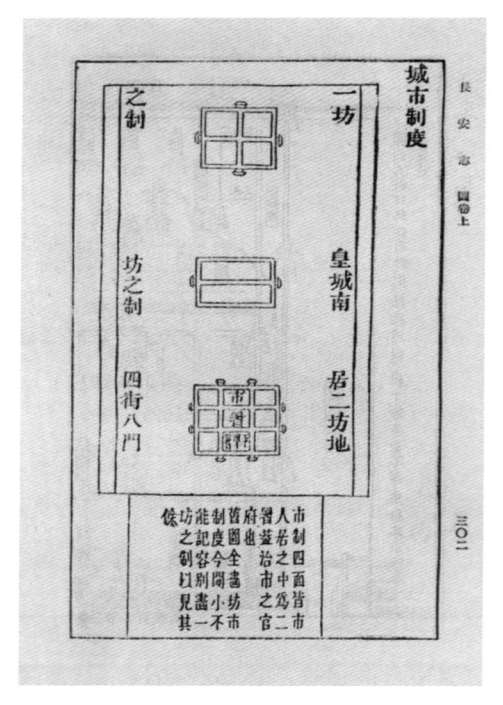

长安城市制度规划图（引自宋敏求《长安志》）

第五章 放大看

一幅《清明上河图》长卷，让我们将北宋汴京的风光尽收眼底。我们看到了人车不息的街坊、张挂着彩带的店铺以及那些穿梭在桥门市井之间的小贩。他们有的在辛劳地挑担，有的在卖力地吆喝。日复一日，不厌其烦地撑起棚伞支起摊子，笑呵呵地把货物摆到客人的面前。

这些售无定所、流动在城市中的地摊，构建了北宋经济举足轻重的一环。而北宋经济如此繁荣昌盛也离不开这些小商小贩所积累的原始资本。

[北宋]张择端《清明上河图》（局部）

综上所述，"地摊经济"彰显着一座新生都市独有的活力和魅力，且可以缓解就业压力。无论是街边的小吃店，抑或小商品店，都是一座城市的文化符号。

第六章 「真」系列

第六章 "真"系列

真名媛聚会是什么样子？

⊙ 薇薇安

"寂寂花时闭院门，美人相并立琼轩。"当我们遥想起古时女子，总会想到那一双双渴盼的眼睛……在深闺之中，她们等候着心爱男子们的赏悦与降临。然而在无法拥有自由的日子里，正值风华的少女们难道真的只能在无边的寂寞和等待中虚度光阴吗？

伴随着晨间的第一声鸡鸣，小姐姐们睁开惺忪的睡眼。在她们身边，一月一度的大型名媛聚会已拉开帷幕……

本篇的插图内容均来自清代陈枚绘制的《月曼清游图册》，现图册正本藏于北京故宫博物院。[1]

正月寒夜探梅

"就暖风光偏著柳，辞寒雪影半藏梅。"[2]冬雪过后，大地银装素裹，梅花散发阵阵幽香。此时不正是踏雪寻梅的好日子

---

[1] 本图册图文本是分开放置的，为了更好地对应，所以本书按照月度将图文并列放置。——编者注
[2] 参见唐马怀素《奉和人日宴大明宫恩赐彩缕人胜应制》。——编者注

吗？在更深露重的庭院中，一阵窸窣的脚步声传来……这么晚了，谁还未眠？

寒夜探梅

原来是整装待发的小姐们。不久前，她们刚刚相约今宵一起赏梅。只见侍女们早早地便将灯笼挂起等候，生怕小姐们夜路难行。而小姐们即便四下无人，也要精心打扮。左边那位小姐一袭宝石蓝的长衫在暗夜中发着幽光；而右边那位小姐的绣花浅金桃红衫子，则将她的皮肤衬得白里透红。

"咦，妹妹，你这口脂是什么色号啊？"

"小姐，你看这花开得好不好看？"

她们以莲步穿过梅花掩映的小道，丝毫没有倦意。

第六章 "真"系列

远处走在前面的小姐们已经等不及了,她们挥舞着袖子,仿佛在说:"快来呀!姐妹们……"

二月杨柳荡千

"新年鸟声千种啭,二月杨花满路飞。"[1]熬过了白雪皑皑的寒冬,春天降临人间。

杨柳荡千

图中间有一架红色的秋千,在满目翠绿中显得十分夺目。荡秋千作为古代女子的深闺之好,不仅能够怡情养性,还能展

---

1 参见庾信《春赋》。——编者注

示其优美的身姿。

秋千荡起,女子的衣裙随之飘扬;秋千回落,衣裙亦随之收回。在碧蓝的天空中,妙龄女子的身姿被吹来的风勾勒得曼妙、妖娆。

一旁的小姐们已经望眼欲穿了,心里盘算着"什么时候才能轮到我呀"。然而秋千上的姐姐已完全陶醉在荡秋千带来的快乐中,越荡越高。可怜的侍女吓得摊开双手,仿佛在哀求:"我的姑奶奶,您可要悠着点!"

三月闲亭对弈

"园里水流浇竹响,窗中人静下棋声。"[1]几场春雨滋润过后,庭院的山石长出了青苔,黛瓦白墙边的花树抽出了新枝。小姐们又怎能辜负这大好的良辰美景?

1　参见皮日休《李处士郊居》。——编者注

第六章 "真"系列

闲亭对弈

　　画中可见侍女们忙前忙后，新鲜的果子、糕点已准备妥当，只待选取一方最好的景致，再摆上一张长桌，小姐们便能在其间对弈、喝茶、聊天。

　　春回大地，小姐们也换上了新衣。右边正在下棋的这位小姐服饰极尽华美：头间是一支小流苏六尾金凤钗，凤翅镂空，凤尾皆镶有珍珠；身上是一袭金丝线绣团花锦衣，蓝色纱缎披肩绕腰曳地。

　　围棋在明清时期是一种时髦活动，无论闺阁小姐、青楼名妓皆爱之。《红楼梦》就曾描写贾宝玉与薛宝钗对弈，在贾宝玉将输之际，林黛玉妙手一着，击败了宝钗。

　　名媛聚会自然少不了围棋。一位小姐刚落下棋子，另一位小姐便紧追下子。众小姐们屏息凝神地望着棋局走向。蓝衣小姐已经紧张得搓起了手，绿衣小姐则用潇洒的坐姿表示信心十足。

四月庭院观花

"东风万里送香来，上界千花向日开。"[1] 鸟儿衔来飘香的花枝，窗外已是姹紫嫣红开遍。

庭院观花

小姐们从闺房闻香而来，纷纷聚集在百花齐放的庭院。古人赏花颇有讲究，良辰、美景、赏心、乐事，四者缺一不可。

---

1 参见广宣《寺中赏花应制》。——编者注

第六章 "真"系列

春季是赏花的时节。天气宜人,花叶繁盛,院中的山石、花草、树木,皆经过精心布置,从而呈现出最佳的观赏效果。身处闺阁的女子们不必出远门,便能欣赏到美丽的春光。

朵朵杏花盛开在墙角,花蕾露出茸茸的粉色。牡丹如五彩缤纷的云霞,红一片,紫一群,粉一簇。姐姐们忙活在花园,赏花、插花、猜花名……玩得不亦乐乎。

这位身着橙衣的小姐已将开得最旺的几枝花掐进自家瓶子。她用一只手紧握瓶沿,仿佛在宣告:"谁都别想动我的花!"

五月水阁梳妆

"竹生荒野外,梢云耸百寻。"[1]在河畔的水阁中,竹叶如碧绿色的华盖遮天蔽日,桥下则是流水潺潺。在这大自然中对镜梳妆,岂不美哉?爱美的小姐们纷至沓来……

---
1 参见刘孝先《咏竹》。——编者注

水阁梳妆

只见一位小姐穿上了最新款的"粉红色小坎肩",再搭配鎏金手镯,高贵典雅又不失俏皮。

另一位小姐身着一袭淡雅的长衫,内衬浅蓝色交领中衣,手执素色的团扇,可谓成熟女人的标配。

水阁梳妆(局部)

第六章 "真"系列

在没有男子的世界里，女子们与自己钟爱的胭脂香粉为伴，眼含笑意地围坐在一起，尽情显露爱美的天性。古时女子有专门收纳化妆品的妆奁，以及一系列饰脸的胭脂、白粉、眉黛……这些也成了她们最喜欢的谈资。

关于女子化妆的奇事，《事物纪原》有记载：南朝寿阳公主卧于含章殿檐下，梅花落在额头，映出五瓣花形，三日才洗去，宫女争相效仿，遂有梅花妆。如今，小姐姐们在翠竹间的楼阁梳妆，又将演绎出怎样的奇闻逸事呢？

侍女为小姐们端茶送水，疲惫的身子微微佝偻起，可这密林间传来的欢声笑语，又有谁忍心破坏呢？

六月碧池采莲

"荷叶罗裙一色裁，芙蓉向脸两边开。"[1] 夏日的微风吹拂，池塘边，一朵朵荷花竞相开放。

---

1 参见王昌龄《采莲曲》。——编者注

碧池采莲

夏天太热怎么办？小姐们避暑有妙招。

撑起船杆，一叶小舟泛起，小姐们向荷花塘挺进了。

采莲是江南的旧俗，因江南地区水道纵横、池塘遍布，成为栽种莲藕的理想之地。夏始春余之际，女子们泛舟湖上，共同采莲，既是聚会的好时机，又是一种不可多得的消暑之法。

六朝时，采莲之风盛行。如梁元帝便在《采莲赋》中写道："于时妖童媛女，荡舟心许……棹将移而藻挂，船欲动而萍开。"勾勒了一幅美妙的人间图景。不知道此次小姐们采莲，又会有怎样的奇遇呢？

"有谁来帮我撑船吗？"撑船的小姐发出一声哀怨。

"你就再坚持一会儿吧！"隔岸观望的小姐打诨道。

众小姐们抿嘴"咯咯"地笑了起来,笑声回荡在潋滟的水波之上,久久不肯散去。

七月桐荫乞巧

"相传织女星,今夕嫁牵牛。"[1] 进入盛夏,郁郁葱葱的梧桐树为曝晒的空地带来一片阴凉。

桐荫乞巧

梧桐树下,姐姐们盛装打扮,迎接重要的节日——七夕。

---

1 参见于石《七月七日》。——编者注

乞巧是七夕节的习俗，农历七月七日（或六日）夜，女子们在月下向织女星祈祷："请赐我美丽的容颜、一双巧手和共度一生的如意郎君。"既然是女孩子聚在一起的日子，自然也少不了女红的比试。《帝京景物略》说："七月七日之午丢巧针。""丢巧针"指的是一种特殊游戏：将绣花针投入盛碗的水中，观看其浮沉和折射的影子，又称"乞巧"。

此时，小姐们正屏息围守在碗边，只等待细针浮出水面并借着月光折射出花头鸟兽或是成鞋剪刀的形象，便意味着"乞巧"成功了。

"走，姐姐我们去看看。"两位小姐已经迫不及待。

另外两位小姐则在等待之余，开始相互吹捧。

"姐姐，你的手真巧，一定可以得到织女的眷顾！"

"姐姐说笑了，依妹妹看，姐姐的手才是天下无双呢！"

在一方闺阁之中，女子做针线、纺织、刺绣……日复一日做着不为人知的繁杂工作。她们无悔的青春，同样构筑了中华文明灿烂的一部分。

八月琼台玩月

"新月如佳人，出海初弄色。"[1] 月光如水，画中的层峦叠

---

[1] 参见苏轼《宿望湖楼再和》。——编者注

嶂里，亭台楼阁冒出玲珑的檐角。

琼台玩月

"夜猫子"小姐们已经悄悄地出动了。登高是赏月的绝佳选择，位于高处，离天空更近，自然也能将月亮看得更明晰。说时迟那时快，一众小姐们已经登上高楼。其实，古人赏月不单单是欣赏美丽的月色，也是一种感物伤怀的举动。面对明月，小姐们也是心情各异。

红衣小姐望向苍茫的远方，一抹微笑挂在她的脸上。绿衣姐姐则双手作揖，虔诚地祈祷生活平安喜乐。中间的蓝衣小姐兴奋地用手指向明月，说："姐姐，我从来没有见过如此圆月！"身后两位姐姐则生怕扰了他人雅兴，只好轻声细语地交流着喜悦的心情。

琼台玩月（局部）

另一众小姐放弃了登高这种不适合精致女孩的剧烈运动，她们选择在林中的阁楼欣赏月夜幽林。累的时候，她们可以坐下小憩或者互相逗乐。

九月重阳赏菊

"尘世难逢开口笑，菊花须插满头归。"[1]

一夜透雨浇淋在菊花的花瓣上，秋天已不知不觉地到来。一年之中最重要的节日之一——重阳节即将来临。

---

[1] 参见杜牧《九月齐山登高》。——编者注

第六章 "真"系列

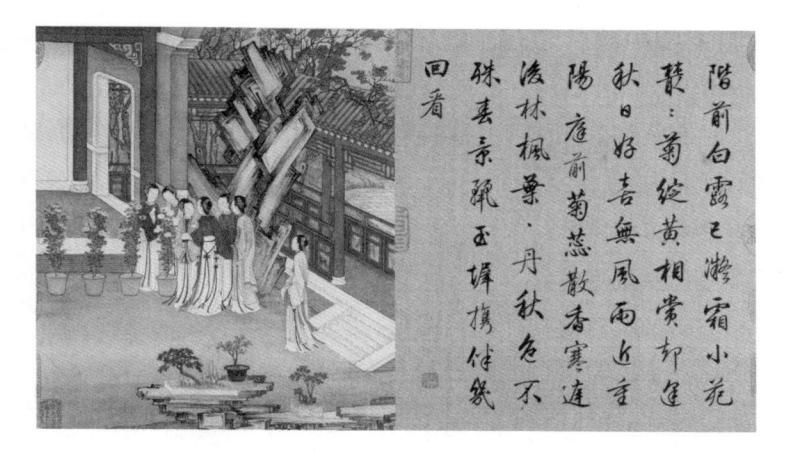

重阳赏菊

古人在重阳节有登高的习俗。但是女子们多在深闺,不能出门。因此出门登高是不可能了,不过还有别的方法。

只见小姐们迈着小步子,环佩叮当,步摇轻晃。她们经过错落的楼宇,绕过曲折的回廊,终于来到此次聚会的目的地——盆景园。

园中的菊花正如火如荼地绽放,颜色斑斓,姿态各异。红的如火,白的若雪,黄的似金,紫色的则好似天边的一抹云霞。虽足不能出户,但姐姐们相约赏菊,亦能收获最圆满的心情。

菊花在古时亦被称为"延寿客",在严寒中仍独自盛开。重阳赏菊有祈求长生与延寿之意。姐姐们依偎在一起,把玩着菊花,也传递着彼此间最真挚的祝福。

十月文窗刺绣

"鸟衔樱桃花，此时刺绣闲。"[1]金秋十月，满园的枫红摇曳，薄纱似的白云浮动天际。在这秋高气爽的日子里，姐姐们贪玩之心又蠢蠢欲动了。恰好，假山石旁有一空闲的亭榭可用。只见清流从花木深处的石隙泄下，树木葱茏，景色奇美。

文窗刺绣

在这样的环境中进行艺术创作再好不过。姐姐们搬来绣架，再准备好各色绣线、绣花针、剪刀、炭笔、布料、花样子，准备进行一场刺绣比赛。

---

1 参见常理《妾薄命》。——编者注

第六章 "真"系列

大约从汉代起，刺绣逐渐成为一门闺中技艺。女子们学习刺绣，做成的绣品可用于日常生活，亦可作为摆设，装点居室。

"图必有意，意必吉祥。"明清时期，刺绣图案多有吉祥的寓意。如松、竹、梅表示清高正直，牡丹象征富贵荣华……而中间的小姐姐所绣的荷花则与"和"谐音，寓意和气生财。手指一弹一挥，图案已跃然成型。其他姐姐们投去艳羡和佩服的目光。

十一月围炉博古

"烟炉不断胜金兽，香雾入帘波影皱"。[1] 时入仲冬，天气愈寒。窗外，唯见一枝蜡梅凌寒独开。

围炉博古

---
1 参见元好问《玉楼春》（烟炉不断胜金兽）。——编者注

虽然屋外是一片萧索气象，但屋内热闹非凡。一只四足炉子燃着木炭供暖，方桌上摆满了奇珍异宝：白釉观音瓶、黄花梨书箱、紫砂南瓜壶、铜制花觚、黄铜鼎香熏……

姐姐们身穿加厚的衣袍。衣袍上艳丽的服饰，为寒冬增添暖意。她们一丝不苟地梳起发髻，装点上珠翠宝石。姐姐们不仅风姿绰约，也是满腹经纶。今日，她们齐聚一堂，晒出各自的宝物，进行着一场跨越古今的对话。

这位姐姐纤纤玉手，正拿着小鼎，小嘴映红挂笑，柳眉弯起，向姐妹展示珍宝。

一位识货的小姐激动地指着说道："真是鼎中极品！"

"这四方花瓶一般人我不给她看！"一位粉衣小姐紧紧搂着自己的宝瓶，向旁边的小姐得意地说道。另外两位小姐则沉迷于书画世界，探讨着古代花鸟画的笔墨技法。在她们边上，兢兢业业的侍女立在旁边，不到人散不下班。

十二月踏雪寻诗

"晚来天欲雪，能饮一杯无。"[1]一夜北风，雪花飞舞，松竹结起了厚厚的霜冻，凛冬将至。

---

1 参见白居易《问刘十九》。——编者注

第六章 "真"系列

踏雪寻诗

在这天寒地冻的日子里,小姐们也不忘聚上一聚,喝酒作诗,陶冶情操。

一位小姐外套赤金花卉纹样黑褐褙子,内穿翡翠绿立领中衣,腰上系着湖蓝如意禁步,肩上披水貂毛斗篷。

斗篷最早由棕麻编成。明清时,丝织物的斗篷开始流行,制作工艺也日益繁复。富贵人家用动物皮毛为制作材料,其御寒效果大大提升。

除了衣物格外讲究外,小姐们的美食也是冬日必备——点心、热酒、干果,样样少不了。小姐们用温水温过酒杯,将酒烫热,再配上精心烹饪的小菜,那味道美滋滋。一口热酒下肚,一脸满足。

"绿蚁新醅酒，红泥小火炉。"白居易用诗写下一个让人向往的冬天，而小姐们完美地诠释了它。或许古代女子们的生活并没有我们想象中的乏味。她们同样有自己的追求、自己的喜好，用信念谱写着一个属于她们的"花样年华"。

第六章 "真"系列

剁手极简史

⊙ 白虎山人

在西安高陵一处五千六百年前的古墓葬群中，考古人员发现很多墓主人都呈现曾被"剁手"的奇怪现象，可谓史前"剁手党"。比如一个墓主人的左臂自腕部被割开，而手掌则被移动了二十多厘米。另外，还发现了一些手指头不在原来的位置上。

这种被推测为丧葬习俗的奇怪现象在以前的考古发现中很少出现，究竟是出于何种原因，还尚待考证。

剁手最初作为刑罚见于文献《韩非子》中。书中说，按照殷商的法律，在公共场所随意扔垃圾，应当按断手处置。孔子弟子子贡认为罚得太重，表示断手确实是重，但不乱扔垃圾很简单，不会有人连这笔账都算不过来，所以此法才行之有效。

一曰：殷之法，弃灰于公道者断其手。子贡曰："弃灰之罪轻，断手之罚重，古人何太毅也？"曰："无弃灰，所易也；断手，所恶也。行所易，不关所恶，古人以为易，故行之。"

——《韩非子·内储说上七术》

真的猛士，敢于直面剁手之痛。春秋时期，齐国权臣崔杼杀害了齐庄公后，忠臣申蒯要进宫，向弑君者讨个说法。但他被守门的人拦下，申蒯说道："对我不放心？那我把手臂给你！"说着就把胳膊砍下来，呈了上去。崔杼安排了八列卫兵，才放申蒯进来，单臂的申蒯进门便拔剑呼天，连杀七列，直至被崔杼身前最后一列卫兵杀死。后世以"申蒯断臂于齐庄"叹其守节死义。

> 崔杼弑庄公，申蒯渔于海而后至……至门曰："申蒯闻君死，请入吊。"门者以告崔杼，杼令勿内。申蒯曰："汝疑我乎？吾与汝臂。"乃断其左臂以与门者，门者以示崔杼，杼陈八列，令其入。申蒯拔剑呼天，三踊乃斗，杀七列，未及崔子一列而死，其御亦死之门外。君子闻之曰："蒯可谓守节死义矣。"
>
> ——《全汉文》

另外，我们今天能看到的许多古墓里，也都有断臂的陶俑，如汉阳陵陪葬坑出土的裸身断臂俑。其实他们本来都是有衣服和手臂的。这是因为当年制作时，工匠为了给陶俑着衣，先用陶土烧出身体，留出安装的小洞。套上衣物后，再接上另做的木制手臂。两千年深埋地下，木臂与衣物早已朽烂，只留下这些陶俑，给人剁手的错觉。

第六章 "真"系列

南北朝有名叫神光的僧人曾跋山涉水到达少室山,拜见达摩祖师,想请教佛法。但达摩祖师不理他,自顾自修行,神光也不气馁,仍是每天侍立左右。

腊月初九,突然天降大雪,神光在齐膝的雪地里站了一整夜。达摩祖师终于被他的诚心打动,便点化道:"悟法不仅仅是耐冷。"

神光终于守得云开见月明,激动之余,反思自己"立雪不足见志",便把左臂断下,呈给达摩祖师。达摩长叹一口气,心想:这娃也太实诚了。于是收作徒弟,赐名"慧可"。

诚心求法的神光以立雪断臂明志,后来果然继承了达摩的衣钵,成为汉传佛教禅宗二祖慧可大师。

> 神光师本日闻师诲励,感激与奋迅交并,自思曰:"天下无难事,都因心不专。立雪不足以见志,断臂始足以鸠心。"乃潜取利刃,自断左臂置于师前。
>
> ——《达摩出身传灯传·神光断臂见志》

几百年后,辽国又有了一件断臂之事。说辽太祖耶律阿保机不仅自己雄才大略,皇后述律平也坚毅果敢,有勇有谋。阿保机统一契丹诸部的功绩里少不了有自家媳妇的功劳。

后来,阿保机不幸驾崩,述律平本意殉葬,但为了料理好丈夫身后的烂摊子,述律平当着亲戚百官的面,斩下自己的右手置于阿保机的棺柩内,以此代表下至黄泉追随。为此,辽人特意在述律平断腕的义节寺内建起了断腕楼来纪念此举。

不久，儿子耶律德光在她的帮助下即位，述律平也升职为大辽的第一任皇太后，说不定她还是历史上第一任"剁手"太后。

> 太祖崩，后称制，摄军国事。及葬，欲以身殉，亲戚百官力谏，因断右腕纳于柩。太宗即位，尊为皇太后。
>
> ——《辽史·后妃传》

> 是岁太祖崩，应天皇后于义节寺断腕，置太祖陵。即寺建断腕楼，树碑焉。
>
> ——《辽史·地理志一》

百年后，与辽国相对的宋朝的断臂就是另一回事了。南宋时，宋蒙战乱连连，兵源越来越短缺，地方官府为了凑够兵员，强征平民入伍。很多人为不上战场，自断手指或手臂。像这般剁手，实乃走投无路之举。

> 咸淳季年，边报日闻，召募尤急，官降钱甚优厚。强刺平民，非无法禁。所司莫能体上意，执民为兵……民有被执而赴水火者，有自断指臂以求免者。
>
> ——《宋史·仪卫四》

第六章 "真"系列

而说到蒙古则有另一桩事,却说窝阔台汗死后,皇后脱列哥那篡夺了摄政权,而且她并不准备剁自己的手来明志。同时她威胁令史,谁不听命令就剁谁的手。三朝元老耶律楚材站出来反驳:我们连死都不怕,区区一个剁手又算得了什么。皇后忌惮他的声望,剁手一事只好作罢。

又有旨:"凡奥都剌合蛮所建白,令史不为书者,断其手。"楚材曰:"国之典故,先帝悉委老臣,令史何与焉?事若合理,自当奉行,如不可行,死且不避,况截手乎!"后不悦。楚材辩论不已,因大声曰:"老臣事太祖、太宗三十余年,无负于国,皇后亦岂能无罪杀臣也!"后虽憾之,亦以先朝旧勋,深敬惮焉。

——《元史·耶律楚材传》

明朝以前,剁手多作为一项刑罚,多是处置偷窃、行贿、贪污等罪。而到了明朝,明太祖朱元璋见不得娱乐,把下棋打双陆等,也算作赌博,凡被抓到赌博者,都要被剁手。

按洪武二十二年圣旨:学唱的割了舌头,下棋打双陆的断手,蹴圆者卸脚,犯者必如法施行。今赌博者亦当加以肉刑,如太祖初制,解其腕可也。

——《万历野获编》

清朝大将军年羹尧治下极严，一言既出，部下必奉命执行。有一日雪天出行，扶舆从官的手上落满了雪。年羹尧心疼属下，便命令他"去手"，本意是让他不必再扶，免得冻僵了手。但从官明显会错了意，竟然毫不犹豫抽出佩刀，斩断自己的手，血淋淋地溅了一地。

年将军因这句话，悔得肠子都青了。由此也可以看出其军令之严，怪不得雍正忧心得不行。

> 将军军法极厉，一言甫出，部下必奉令唯谨。尝舆出府，值大雪，从官之扶舆而行者，雪片铺满手上，几欲堕指，将军怜之，下令曰："去手。"盖欲免其僵冻也，从官未会其意，竟各出佩刀自断其手，血涔涔遍雪地。
> ——《清代名人轶事》

古人说"剁手"，是实实在在的剁手。而今的"剁手"，早已被赋予了不同含义。从古义到今义之转变，不过几十年光景。那么，今天你"剁手"了吗？

第六章 "真"系列

真非赝品

⊙ 羽林郎

看多了古装剧，似乎很多观众对古人的智商产生了误解。其实，古人的智商也很高！我们只要看看古人留下的东西就知道了。造型现代的战国水晶杯、走在时尚前沿的唐代挎包、精确的新莽卡尺等，现在看上去不稀奇，但数百或上千年前，要造出来可是非常需要发挥聪明才智的呢。

战国水晶杯（现藏于杭州博物馆）

因为过度"高科技",一些文物甚至还曾被一些人误认为是赝品。当然,古人的聪明绝不仅仅体现在以上列举的文物中。除了这些,还有一些大家可能没那么耳熟,但"逆天"程度丝毫不逊色的文物。

看到下面这个灰色的图,是不是觉得很奇怪?它们居然是一批南宋的美妆实物。

南宋粉块(现藏于福建博物院)

这些不同形状的粉块,一共有二十个。它们存放在主人的第二层漆奁中,有圆的、方的、花形的,仔细一看,上面还能依稀看清花朵纹饰。说它是用来化妆的粉饼,可不单因为它和梳妆用具放在一起,还有它的化学成分鉴定结果可以佐证。

你梳头会用几个梳子?下页这幅图中的这套梳具由二十五件构成,计有梳子九把,竹篦两把,剔篦两把,胭脂棍两根,扁针两根,大小刷子八把。每种形态的梳篦在梳妆的不同环节

第六章 "真"系列

各有作用，胭脂棍是面部化妆时用于点唇的。使用时，先轻轻涂抹唇部，最后以下唇中线为中心，点一醒目的红圆点，樱桃小嘴就画出来了。

清晚期象牙描金带彩什锦梳具（现藏于北京故宫博物院）

下面我们再来看看关于洗浴的东西。下面就是两块陶搓石。

西汉陶搓石（现藏于徐州博物馆）

上图中这类石头多用于洗澡,为圆形和长条棒形,很轻且外表粗糙,洗澡的时候用它们搓去身体的污垢。

受到影视作品影响,古人坐在大木桶里洗澡的形象可谓是深入人心。但是,战国时期秦王室的浴室恐怕更为高级。根据各方记者的报道:考古学家在西安市的战国时期秦国都城栎阳遗址内发现了三处浴室。

铺设陶砖、带地漏的浴室(位于西安市阎良区栎阳城遗址内)

栎阳城可是秦迁至咸阳之前的都城之一,考古浴室既然紧挨着王宫的生活区,很可能就是后宫使用的浴室。浴室内的墙上铺设有陶砖,浴室地板上有地漏,可以将污水排到建筑外的渗井里。

根据专家的推测,浴室内浇水淋浴,污水从地漏流出屋内的沐浴模式可能是秦王沐浴的方式。看来这淋浴的洗浴方式,也可能是自古有之。

第六章 "真"系列

在今天，高跟鞋并不是什么稀罕物，可是看到这明代的高跟鞋，是不是有些许惊讶？怎么和我们现在高跟鞋一模一样！而且这类高跟鞋鞋底后部还装有五厘米左右高的长圆底跟，以丝绸裱裹。

尖翘凤头高底鞋（明定陵出土）

这个现状图虽然不好看，但仍是掩盖不了它形似今日高跟鞋的事实。当然，本身制作也是很讲究的。从出土情况来看，定陵皇后陪葬的鞋有平跟和高跟之分，但是高跟的数量比平跟多。这或许也是高跟鞋"受宠"的表现。

古人想要获取姜汁，要用到铜姜礤。下面这张图便是铜姜礤。

使用时，只需用姜在后面的乳丁处摩擦挤压，然后在镂空的地方收集过滤出的姜汁。乳丁的下面还有支撑，摩擦的时候也是很稳定的。

铜姜礤（现藏于南越王博物院）

下图是一种轧果汁床，但它长得其实更像板凳。"板凳"面做成倾斜状，这样压榨出来的果汁从圆槽处流到一侧的槽口，就可以在这里接果汁了。如果从艺术的角度来说，这件甘蔗床还具有一些明清家具简洁大方的特点。

清楸木雕花甘蔗床（现藏于国家博物馆）

第六章 "真"系列

　　捶丸在宋元时期是很流行的娱乐活动。估计《捶丸图》等画作或许已经无法满足人们的好奇心，那么就不如看看博物馆里的捶丸。首都博物馆收藏有几个捶丸的实物，样子真可以说是"高尔夫"的亲戚了。

宋代捶丸（现藏于首都博物馆）

　　虽然捶丸与高尔夫有很多不同，不过作为一种日常娱乐活动，可以愉悦身心、锻炼身体倒是不假。

　　今天我们见到的基本都是六个面的骰子，那你见过豪华升级版的错金银镶嵌铜骰吗？汉代的这个骰子更好玩，外观也更好看。骰子十八个面，除数字从一到十六，其余两个面是"酒来"和"骄"字。至于这具体的娱乐方式，还有很大的开发空间。

趣味中国史：古人潮流生活指南

错金银镶嵌铜骰（西汉中山靖王刘胜墓出土，现藏于河北博物院）

如今，冰箱已成为每个家庭的必备电器，商家也不断推陈出新，制造出更省电节能的产品。不过，古时的这类设备是真的环保产品，不用电。

虽然冰鉴的主要功能与冰箱有不少差异，但是因为体形巨大，被人理解为冰箱也就不奇怪了。

铜冰鉴（战国曾侯乙墓出土，现藏于中国国家博物馆）

第六章 "真"系列

冰鉴分为两层：外为鉴，内为缶，两层之间有充足的空间可以存放冰块或者温水，可以冰镇或温热内层存储的佳酿，冬夏两用。旁边的长柄勺子就是和它配套的，用来舀酒。

可即便是这样的"高科技"，还是要有冰窖支持，才能在夏日喝上冰镇美酒。

有很多人看到乾隆时期的瓷器，总要吐槽"乡村审美"，但是有一件瓷器可是体现了当时高超的瓷器制造技术。

它用了青花、仿官釉、仿汝釉、仿哥釉、窑变釉、粉青釉、霁蓝釉，以及粉彩、珐琅彩、金彩及松石绿釉等低温釉彩，这么多装饰工艺造就的瓶子外观十分繁复，美观度见仁见智吧。

清代各种釉彩大瓶（现藏于北京故宫博物院）

下面这个像鼠标的滑石兔是一件来自唐代的物品，真实身份是用来压席子四角或者帷帐的席镇。可爱的它在古代还有"太平盛世"的寓意。

唐代滑石兔（现藏于陕西历史博物馆）

第六章 "真"系列

古代零食篇

⊙ 谢玩玩

小时候,我常见走街串巷卖丁丁糖的人。他们坐在小板凳上,面前放两个竹编立筐,筐上边有一块块白色硬糖重叠相交,糖面上布满乳酪似的大大小小的孔隙。卖糖人左手一张弓形小铁板,右手一只小铁锤。隔一会儿互相一撞,"叮"的一声响,所以这种糖叫"丁丁糖"。

要做丁丁糖,既难,也不难。其难在工艺,不难在用料。

首先,将大麦用清水浸泡,待发出麦芽后,和蒸熟的糯米拌匀,装在干净的大缸里,等它化成糖浆。糖浆出来后,再倒进锅里慢熬,同时还要加入炒熟的芝麻、大米粉。眼见水量一点点下去,糖浆浓稠成饼,就取出来挂在木钩上反复拉扯——一拉三寸,二拉三尺,三拉不得了,长长一条白练,手一撒,就冲天而上,然后又落回到卖糖人手里。

那卖糖人一接一绕,便又缠上了木钩,眨眼工夫,又长三寸,再长三尺。如此反复,真是绝活!等这糖条变成乳白色状,就将它从木钩子上取下来,放在撒了大米粉的案板上滚条切块,成了平时常见的模样。

这么一说做法，相信很多人也就明白了：丁丁糖其实就是麦芽糖的一种。

糖

古代也有麦芽糖，只是不叫这名字。麦芽糖在古代叫饧，也叫饴糖、花饧、胶牙饧，可见历史悠久。但丁丁糖的这种卖法，则要到东汉末年、魏晋之初才出现，那时候叫"吹箫卖饧"。

这里的箫，不是那种细长的洞箫，而是小竹管编成的排箫，声音也没那么幽咽低沉。卖糖人一边走，一边吹箫，就跟现在卖糖的板槌相撞一个道理，都是吸引人买糖的意思。

卖饧糖的人，每年两个时候生意最好。

一是腊月，"二十三，糖瓜粘，灶君老爷要上天"，即老百姓祭灶神前后。

灶王爷是谁，其实谁都弄不清。有人说他是火神祝融，因掌管的火和生灶做饭有关，所以祝融就兼任了灶神一职；也有人说他是炎帝，炎帝以火德治天下，死后登仙榜，成了灶神；还有人说灶王爷其实是黄帝，因为他教会了老百姓做饭……总之，老百姓只要知道，腊月二十三要祭神，祭的这位是灶王爷就对了。

到了魏晋南北朝时，人偏就要较真，光有"灶王爷"这么个称呼可不行。秉着"脸即一切"的时代精神，司马彪（？—约306）正经地跟人掰扯：你们总以为灶王爷日日夜夜受人间

第六章 "真"系列

烟火气儿,熏得面皮黝黑,其实人家容貌姣好,远望过去,一身耀眼的赤色衣袍,好似绝色美人!

到了萧梁,宗懔(约501—565)写《荆楚岁时记》时,又给灶王爷添了名姓:姓苏,叫吉利。因为从他嘴里讨的也是吉利,所以得给他进饧糖,甜蜜蜜地粘一嘴才行。

玉皇大帝问:"某家某户,今年做了什么好事儿,什么坏事儿?得受什么赏,挨什么罚?"苏吉利嘴里的糖块儿还没化干净,吃人家嘴短,只好眯着眼睛笑呵呵道:"都好,都好!"

老百姓借他的喜气,也吃饧糖——魏晋南北朝人叫胶牙饧,还得就着屠苏酒喝。这习俗延续下来,唐代白居易写诗,还有"岁盏后推蓝尾酒,春盘先劝胶牙饧",劝人家喝酒吃糖。

另一个卖饧糖的好日子,是在四月初二三,也就是过寒食节的时候。寒食节,节如其名,得禁火整整三日!熬好大麦粥,再在里边儿搁三五块饧糖,搅一搅——宋祁写诗,"箫声催暖卖饧天",心中若有甜丝丝的活气,冷粥也能下大三碗。

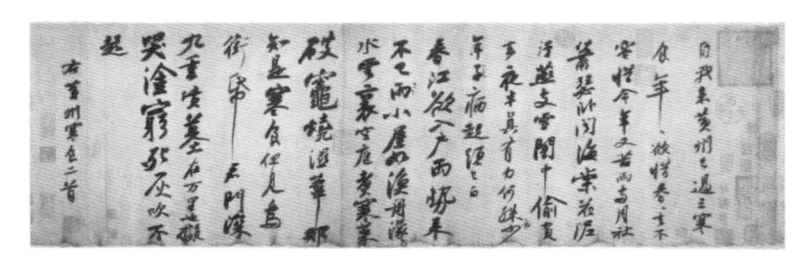

[宋]苏轼《寒食帖》(现藏于台北故宫博物院)

石蜜

饧糖是人人都买得起的寻常物，相比起来，石蜜就金贵了。譬如魏文帝曹丕和孙权往来，曾送他百斤石蜜；西晋尚书令荀勖身体羸弱，晋武帝也赏了他五斤石蜜。这些都是要被记入史书的大事儿。

有一次，魏明帝曹叡专门召集群臣，郑重问道："是龙眼、荔枝甜，还是葡萄、石蜜甜？"结论是葡萄、石蜜更甜。《齐民要术》里说了，将交趾（今中国广东、越南等地）的甘蔗榨汁后，煎而曝晒，不多久就会凝成块。好似结了冰，又像石头。为什么非得交趾的？阳光充足，甘蔗醇、甜，有味儿！

如果将它切成一粒粒棋子大小，放在嘴巴里一抿，顿时化成一汪甜水。明代李时珍在《本草纲目》里说得更明白：什么是石蜜？就是白砂糖！如果凝成块儿，硬得跟石头似的，就是冰糖。

虽然有这样的记录，但石蜜究竟是什么，后世说法其实依然不太统一。有人说，石蜜的确和冰糖一样，是甘蔗做的，但它工序要比冰糖复杂，是巴蜀那边的精炼糖。别看现在巴蜀以吃辣闻名，魏晋南北朝时，他们是吃甜的！包括煮鸡烹鸭在内，都得搁蜜。因爱吃甜，所以在制糖上很下了些功夫：先挑那种轻掐一把就出水的甘蔗，把它榨成汁，再在里面放水牛乳、米粉，搅和均匀，摊在锅里煎成金灿灿的薄饼，盛起来趁热放一块儿

第六章 "真"系列

在嘴里，糖酥酥里带着乳香，不由得喊出："嗨呀，好巴适（四川方言，意为很好、舒服等）哦！"

蜜饯

还有人说，石蜜就是蜂蜜，用处很广，其中之一就是做蜜饯。

魏晋南北朝时，水果品种已经有很多：桃、李、杏儿、梨、葡萄、石榴、枇杷、甘蔗、杨梅、椰子、槟榔、橄榄、龙眼、荔枝……数不胜数，只可惜应季那几天才能吃到。过了日子嘴巴馋，心眼巴巴地想吃，哪儿有啊！此时，就可以用蜂蜜把它们腌好，做成蜜饯，想吃多久吃多久。

做葡萄干，是要用油烧的。紫得发亮，皮儿快绷开的极熟葡萄堆在面前，剪刀咯吱咯吱，摘叶去蒂，再一股脑儿滚到锅里，一层层浇上蜂蜜，最后大撒几圈油，放在柴火上熬。不多时，点滴蜂蜜化开，油也消下去，在锅里吱吱响，烟色升腾，到处都是葡萄甜香。再过一阵，糖水浸入果肉，又被火气烘热，一点点瘪下去。等停火阴干，随拣一枚入口，甜得齁死你！

梅子因自带酸味儿，所以古时候多用它调味，跟醋似的。核初成的时候就摘下来，晚上用盐水浸泡，白天曝晒，反复十次就能用了。但四川那边儿喜甜，总嫌这梅子调味太酸，便又有了另一种制梅方法：把大梅子挑出来剥皮阴干，先用盐水泡两日，再洗去盐水，放在蜂蜜里腌。每过几个月就换一次蜜，

333

就这样搁一年，也还是新梅子的味道。

这样的蜜饯盐梅，不光能拿来做点心。若不小心喝多了，昏昏然不知今夕是何夕时喂他二十多枚蜜浸的乌梅，立马清醒。蜜浸乌梅初入口极甜，人还晕着，稀里糊涂乱咬一气，厚实梅肉烂在嘴里，酸味直冲脑门儿，人连打上几个激灵，便睁开了眼。陈朝的永阳王陈伯智（约540—618）有一回喝醉了，就是用这办法醒的酒。

魏晋南北朝时，除了蜜饯，还流行过一种果麨。说简单点，就是现在酸梅粉、果珍一样的东西。想吃时，用水冲开就行，而且味道酸酸甜甜。当时通常不单喝，和米粉混拌在一起，做远行外出时的干粮。

将落在地上自然烂熟的桃子搜集起来，放在大瓮里密封上。七天后，打开一看，烂得透透的。这时，将桃皮和桃核都去了，再次密封，不多久，就制成桃醋了。做菜时只要滴上几滴，便能酸里带着桃子的甜香，饭都能多吃几口。现在陕西那边卖柿醋，有些用的就是这样的古法。

做蜜饯、制果麨、酿果醋，虽然可以保存水果，不过这些方法，都有些麻烦。更简单的方法当然也是有的：直接放在太阳底下晒，等水分蒸尽，就是果干。拍拍泥土，捡起来就能吃。

话虽这么说，真到了晒果子时，依然讲究得很。我们就以做枣干为例。枣，其实是新石器时代就有的食物。但魏晋南北朝时，因有了嫁接新技术，所以对果子要求也高了。皮儿光洁，

第六章 "真"系列

色赤红，肉厚实，手捏上去还得软，这样的枣儿才算好。有了好枣之后，还得有适宜的地方。来回扫几遍，一粒草屑都不能有。这是因为草容易导致枣子受潮，所以得清干净。收拾好地以后，先搭上木架子，然后木架子上放竹帘子，竹帘子上搁枣子，就这样一层一层叠好，都是为了隔水气，怕坏了发臭。

枣子放上去后，仍不能松懈，得时不时给它们翻翻身，拨到一块儿，又打散开来，一天得来回折腾二十多次。就这样过去五六天，把红软的大枣儿挑出来，挪到高橱柜子上再晒……这样反复拣择的枣，个儿大肉厚，阳光将甜都晒沉了，能不好吃吗？

若将这样的甜干枣倒在酒里，装在坛子里密封，能放很多年！想吃的时候，捻一个放嘴里，初咬一口，酒气辣冲上颚，顺着鼻子直刺天灵盖。再咬一口，枣香漫口，喉头一动，枣味儿和酒味儿滚滚下肚，不多时就醉醺人了。

西晋惠帝年间，皇后贾南风害愍怀太子司马遹（278—300），用的就是这种醉枣。贾南风先借口皇帝生病，让司马遹入宫探望。当司马遹奉旨入宫时，却被带到别室。接着，侍女们鱼贯而入，端了一盘又一盘的醉枣喂他吃。

没多久，司马遹就醉了。趁他昏昏然，贾南风让人握住他的手，誊了一份早写好的文书，转又拿给晋惠帝和大臣们看。这文书十分霸道，说要杀晋惠帝和贾南风，等他们两个都死了，自己好登基做皇帝。如此谋逆，有几个朝臣敢为司马遹说话？

因此等司马遹酒初醒，就已成了庶人之身，被关到金墉城里去了。

正所谓斩草不除根，春风吹又生，司马遹虽然失势，但他一天不死，贾南风就一天不能安心。没过多久，贾南风又让人去金墉城，逼司马遹服毒。性命攸关，司马遹当然不肯轻易就范。只是那时他已被饿了很多天，身体虚弱，强撑着逃到厕所里。最后无路可避，被人用药杵活活打死，年仅二十三岁。

我每读到愍怀太子传，心中就有痛惜。司马遹少时聪慧，他爷爷晋武帝司马炎曾赞他雄才大略、极善权变，将来必为明君。谁知造化弄人，被认为有司马懿遗风的司马遹，长大后性情乖张，又身陷政治风波，终究早逝了。

水果

前面所述的蜜饯果干虽好，但若能选择，当然还是愿意吃新鲜水果。

魏晋南北朝时，果树很多。城墙边儿、宫廷苑囿、世家庄园、寺庙住宅，到处都能见到果树。东晋孝武帝（362—396）修新宫，城外护城河沿岸全种上了橘树；宫里疏密有致，栽的是石榴。每年四五月份，橘花盛开，雪白团团，清洁可爱；橘花还没谢却，宫里石榴花就似火绽放了，真可谓"如火如荼"。等到花谢，两树结果，一橙一红，又都是喜庆的好颜色，点染着城头宫内。

孝武帝种橘，多半是喜欢它好看，三国吴的李衡，可就指着它养家了。他曾经让人在武陵（治今湖南常德市）种了一千多株橘树。直到临死前还叮嘱儿子："你娘常常说我不会赚钱，所以家里穷成这样。但我在武陵那边种了一千多头木奴，等它们长大结果，每年能卖数千匹绢，家里就再不用愁了。"

因此，我们后来又把橘树叫作"木奴"。到现在，湖南常德那边儿的橘子仍旧很好吃，皮薄而甜，白丝浅，肉瓣厚，咬一口，果粒分明，大半不酸，吃完一个，满肚子沁甜。

很多人看到果树带来的商机，遂争先恐后下海经营。譬如"竹林七贤"之一的王戎，从小就在果树鉴别上胜人一筹。他六岁时，有一次小伙伴们在路边玩耍。大家笑闹很久，口干舌燥，抬头见路旁李树上结了不少果实，便哄然过去，想采来吃，唯王戎岿然不动。有与他相好的，扭头叫他："再不去，李子都被别人吃光啦！没你份儿了！"王戎嘴一撇："这李树长在路旁，还能剩这么多果，肯定因为实在太难吃了。"

小伙伴们没听他的，噌噌噌上树将李子摘了个精光，放在嘴里一咬，涩得牙都麻了！因有这份眼光，王戎长大后自然做上了果树生意。他精明得很，怕有人借种，每次都要亲自挨个将果核挑出来，才准家人拿到市场上去卖。

[唐]孙位《高逸图卷》中的王戎

王戎一代名士，居然下海做生意，沾染一身铜臭，叫后世道学家很看不起他。然而真实情况是，魏晋南北朝时期，即便是佛门方外，也觉得这红尘热闹，纷纷撩起僧袍种果树。最终，卖果子的钱，成为寺庙一大重要收入来源。

佛门清静，每日劈柴担水顺带照顾果树，因此那种出的果子，质量也很经得起考验。如洛阳白马寺有一个甜石榴个头极大，秤上一过，足有七斤！这是送礼的佳品，得到的人大半不舍得吃，攒着还人情送给下家，有时要辗转好几处，所以童谣说"白马甜榴，一实直牛"，就是在说它金贵。

报德寺的含消梨，戳着硬，咬一口，全是水。若拿竹竿子

第六章 "真"系列

将它们打下来，从树头到地上，一眨眼，就散化了，每个也有十斤重。而华林园里的仙人枣，足足十五厘米长。两手捧住，头尾都在外边儿，枣核针似的细，甜那自然更不必说。还有敦煌的大瓜（据说瓜肉沙而甜，足有枕头那么大）、魏郡的好杏儿、承光寺的柰林（即今天的绵苹果）……这些甘如饴的水果，如今竟都已难得一见，成了白纸黑字的故物。如今我们唯能长叹一句：独恨不逢甜榴果，晚生不见胖枣来！

后记

当下，博物馆旅游是我国旅游行业的一大热点。每逢节假日，参观各大博物馆的人络绎不绝，但往往也因为过于火爆，而一票难求。这种门庭若市的场面，放在十几年前是难以想象的。

大约十三年前，因为机缘巧合，我们几位朋友跨行进入博物馆领域创业，搭建了"博物馆看展览"网络平台。平台主要模块是博物馆介绍、展览展讯、文物典藏、导览讲解等，初衷是在文博爱好者和博物馆之间搭建一座沟通的桥梁。

当时我们已经意识到，互联网创业，技术只是手段，文化才是灵魂，于是就开通了微信公众号"博物馆看展览"，并以此作为自媒体矩阵的核心。从2013年8月发布第一条微信公众号推文以来，至今已经发布近两千篇原创文章。十多年来更是积累了一百多万名粉丝。他们热情地将自己的意见和建议反馈给了平台，令编辑和运营团队拥有更多的动力，继续在一方小小的田地里耕作。

五千年来，中华大地上五十六个民族生生不息，他们为这个世界带来了一次次的潮流变迁。

潮流一直在变。随着生产力的发展，人类的物质生活水平不断提高，衣食住行，每一代有每一代的精彩，每一代有每一代的气韵。

潮流也永远不变。不变的是嵌刻在每一个中国人基因里的中华文明密码。正是这密码塑造了伟大的民族魂、丰沛的中国精神。身为中国人，我们对这密码既满怀崇敬，又满腹好奇，多年来不断地尝试探索，解读其中奥秘，却又深感力有不逮。但在浙江人民出版社的鼓励下，还是不揣浅陋，挑选了几十篇短文，集结成书，算是抛砖引玉吧。

克罗齐有句名言："一切历史都是当代史。"从现实观照历史，从历史体悟智慧，从传统文化中获得人格滋养和精神力量。虽不能至，心向往之。

"博物馆看展览"团队